# Mulde abwärts

## Vom Rochlitzer Berg zur Mündung

Landschaft • Geschichte • Kultur

Lutz Heydick

AF558132

Sax Verlag

Umschlagbild:
Die Zwickauer Mulde vor der Wechselburger Porphyr-Bogenbrücke

Frontispiz:
Die Muldemündung von der Elbseite
aus dem Unterluch bei Dessau-Roßlau gesehen

Bibliografische Information der Deutschen Nationalbibliothek

Die Deutsche Nationalbibliothek verzeichnet diese Publikation
in der Deutschen Nationalbibliografie; detaillierte bibliografische
Angaben sind im Internet über http://dnb.ddb.de abrufbar.

ISBN 978-3-86729-188-0

2. korrig. Auflage 2024
Alle Rechte vorbehalten
© Sax-Verlag Beucha • Markkleeberg, 2017
Umschlag: Birgit Röhling, Markkleeberg
Printed in Germany
www.sax-verlag.de

# Inhalt

# Vorbemerkung

Das Buch führt in die Landschaft der Zwickauer und der Vereinigten Mulde – vom Engtal des burgenreichen Flusses in die Muldeauen des sächsischen und anhaltischen Tieflandes bis zur Mündung in die Elbe. Ausgangspunkt ist der Rochlitzer Berg als höchste Landmarke mit Kloster Wechselburg zu Füßen. Nach kurzem »Vorlauf« von Amerika und dem Göhrener Viadukt her geht es flussab nach Rochlitz, Colditz, Grimma, Wurzen, Eilenburg, Bad Düben, Löbnitz, Pouch und Dessau.

Es ist die Erkundung einer Flusslandschaft, die reich ist an Naturschutzgebieten wie »Mittlere Mulde« und »Untere Mulde« sowie an UNESCO-Weltkulturerbe mit den Dessauer Bauhausstätten und dem Dessau-Wörlitzer Gartenreich im Elbe-Mulde-Winkel. Eingeschlossen sind weitgreifende Projekte wie »Landschaftspark Goitzsche«, »Geopark Porphyrland« oder auch »Naturpark Mulde«. Entlang der Mulde sind vielfältige Fluss-Wahrnehmungen durch Denkmale, Museen und Lehrpfade geologischer, historischer sowie ökologischer Art gegeben.

Geschichtlich segensreich war für die sächsische Mulderegion die ab 1875/77 in Betrieb genommene »Muldenthal-Eisenbahn«, auch wenn heute nur ihre Gleise, Bahnhöfe und Brücken noch davon zeugen. Sie hat nachhaltig gewirkt, Industrieansiedlungen befördert und mehr denn je Ausflügler ins Muldetal gezogen. Diesem vielgerühmten »Tal der Burgen« steht der Tieflandfluss zwischen Wurzen und Dessau in keiner Weise nach. Die hier über weite Strecken naturbelassene, eindrucksvoll mäandrierende Vereinigte Mulde ist eine der letzten »unverbauten Wildwasser« in Mitteleuropa. Ihre Mündung findet sie im »Biosphärenreservat Mittelelbe«, einem gleichfalls weitgehend naturnahen Stromtal.

Von all dem soll erzählt werden, mit besonderer Zuwendung zu Radfahrern und Wanderern, also mit Augenmerk auf den durchgängigen Mulderadweg mit Alternativstrecken sowie auf den Muldental-Wanderweg, der zuweilen den Radweg mitnutzt, auch mal Luther-Weg, Mitteldeutsche Kirchenstraße, »Via Porphyria«, Ökumenischer Jacobspilgerweg oder Mitteldeutsche Straße der Braunkohle wird bzw. diese kreuzt. Die natürlichen, geschichtlichen und kulturellen Reichtümer des Muldenlandes begegnen in Texten wie Bildern, und zusätzliche Informationsblöcke im Kleindruck strukturieren das Ganze, ohne damit Wertigkeiten setzen zu wollen.

Postkarte um 1930 von Walter Artus (1873 – 1945), einem Leipziger Lithografen, der von 1914 bis zu seinem Tode in Grimma lebte. Sein bildnerisches Schaffen galt der Muldelandschaft, dem sächsischen Tal der Burgen, hier in einer liebevollen Werbeansicht: im Vordergrund Schloss Grimma, dahinter links Schloss Colditz, rechts Schloss Rochlitz und der Rochlitzer Berg mit dem Aussichtsturm, danach Wechselburg vor dem Göhrener Viadukt, darüber links die Rochsburg.

# Am Rochlitzer Berg

Er ist eine beachtliche Höhe im mittelsächsischen Hügelland und bezeichnet weithin die Grenze zwischen dem Erzgebirgsvorland und der Leipziger Tiefebene. Mit 353 Metern über NN ragt er westlich der Zwickauer Mulde auf. Der Zwickauer Verleger und Herausgeber August Schumann, Vater des Komponisten Robert Schumann, durfte ihn in seinem »Staats-, Post- und Zeitungs-Lexikon von Sachsen«[1] mit gutem Grund den »höchsten und ohne Frage merkwürdigsten Berg des Leipziger Kreises« nennen, gehörte doch das Rochlitzer Land nach der kursächsischen Verwaltungsreform von 1547 unter Kurfürst Moritz nicht zum Erzgebirgischen Kreis, sondern eben noch zum Leipziger Kreis, bis in das 19. Jahrhundert hinein. Auch der 1835 geschaffenen Kreisdirektion Leipzig blieb Rochlitz als eine von vier Amtshauptmannschaften zugehörig, erst mit Auflösung der Länder und der Bezirksbildung 1952 fiel der Rochlitzer Berg mit dem Kreis Rochlitz an den Bezirk Chemnitz, zählt heute zum Landkreis Mittelsachsen.

Im Frühmittelalter bildete der Gau Rochlitz (»pagus Rochelinze«) eine weit nach Süden vorgeschobene Siedlungsinsel, jenseits derer sich zum Erzgebirge hin Dunkelwald (»Miriquidi silva«) erstreckte. Als es zu dessen bäuerlicher Aufsiedlung kam, war mit den Schönburgern ein von der Saale kommendes thüringisch-sächsisches Adelsgeschlecht beteiligt, das durch Rodung muldeaufwärts Landesherrschaft aufbaute und um 1170 mit der Burg Glauchau seinen Stammsitz gründete. Auch Lichtenstein, Meerane, Waldenburg und Hartenstein brachten sie in ihren Besitz, zur Mitte des 16. Jahrhunderts noch die Herrschaften Remse, Penig, Wechselburg und Rochsburg als sächsische Lehen, sodass die schönburgischen Lande von den Burgen Stein und Hartenstein im Erzgebirgischen über die Schlösser Glauchau und Waldenburg, Penig und Rochsburg muldeabwärts bis nach Wechselburg reichten. Durch eine Erbteilung des Schönburgers Ernst II. unter seine Söhne 1556 entstanden drei Linien: »Hugo I. begründete mit den Herrschaften Waldenburg, Lichtenstein und Hartenstein die obere schönburgische Linie, Georg I. die Hauptlinie Glauchau und Wolf II. mit den Herrschaften Penig, Rochsburg und Wechselburg die untere Linie des Hauses Schönburg ... In der Folge von langwierigen und kom-

Schönburgischer Stammsitz Schloss Hinterglauchau mit Schloss Forderglauchau, Lithografie um 1850

Rechte Seite: Blick vom spätgotischen Schloss Hinterglauchau in den Hof des Frührenaissance-Schlosses Forderglauchau

plizierten Auseinandersetzungen, die mit den Rezessen (Staatsverträgen) von 1740 endeten, sahen sich die Schönburger schließlich gezwungen, ihre Landeshoheit an die Wettiner abzutreten.«[2]

In der Kette einst schönburgischer Besitzungen, Burgen, Klöster und Schlösser im Zwickauer Muldetal liegt Wechselburg am weitesten flussabwärts. Vom Rochlitzer Berg ab beherrschten die Wettiner den weiteren Muldelauf, bis in den Raum der alten Grafschaften Brehna und Landsberg. Erst der für Sachsen so verlustreiche Wiener Frieden am Ende der napoleonischen Ära 1815 hat die preußisch-sächsische Grenze an der Vereinigten Mulde zwischen Wurzen und Eilenburg, Düben und Löbnitz gezogen.

Der Rochlitzer Berg und Wechselburg mit der Stiftskirche Zschillen und dem Schönburger-Schloss seien also für das vorliegende Buch Ausgangspunkt einer Mulde-Radwanderung aus dem sächsischen Tal der Burgen und der Wurzener Muldeaue ins ehedem Preußische nach Eilenburg, Bad Düben, Löbnitz und weiter ins heutige Sachsen-Anhalt bis zur Mündung der Vereinigten Mulde bei Dessau. Endet der Muldental-Wanderweg von Zwickau bzw.

von Nossen in Bad Düben, so folgt der Mulderadweg (durchgängig ausgeschildert mit grünem Burgensymbol) dem Fluss zum Muldestausee, in die Bitterfelder Neuseenlandschaft und ins Anhaltische, ins Dessauer Gartenreich.

Fragt man nach literarischen Vorläufern solcher Muldeführer, finden sich einige. Die Titelliste reicht zurück bis ins Jahr 1847. »Das malerische und romantische Mulden-Hochland oder Wanderungen durch die Thäler beider Mulden und ihrer Nebengewässer« benannte Hermann Grimm seinen vor 170 Jahren erschienenen Band, der als beschreibende Erstentdeckung dieser sächsischen Flusslandschaft gelten darf. Anders als das hier vorgelegte, vom Rochlitzer Berg flussabwärts führende Buch bot Grimm umgekehrt eine »Stromwanderung an der vereinigten Mulde aufwärts« und weiter entlang der Zwickauer Mulde zur Quelle hin. »Noch niemals«, schreibt er im Gestus der Zeit, »war die europäische Menschheit so auf der Wanderschaft als heute. Wie strotzen die Dampfschiffe auf dem Rhein, der Donau, der Elbe von Weltgängern! Welche Massen Reisende strömen alljährlich durch die schönsten Partieen der deutschen Gebirge! … Und immer strebt das

Publicum, dieser vielköpfige, ungeheure Consument alles Bestehenden und Vergehenden, nach neuem und Verändertem ... Daher ist es zu verwundern, daß noch niemand auf die Idee gekommen, diese anziehenden Gegenden (›die so wunderbar schönen Muldenthäler Sachsens‹) dem Publicum durch eine malerische und romantische Beschreibung vollständig vorzuführen und zugänglicher zu machen. Um so mehr zu verwundern, da einige der schönsten Punkte dieses Gebietes, das sich von Grimma aus, in ununterbrochener Folge und reizender Abwechselung bis an den Kamm des Gebirges hinaufzieht, kaum drei Meilen von Leipzig entfernt liegen, dieser Stadt, die auf Alles speculirt, die, reich und blühend, ein mächtiger Zusammenfluß von Fremden ist ... Der Verfasser hat in verschiedenen Jahren und zu verschiedenen Jahreszeiten, früher von Leipzig aus oftmals ganz zu Fuß, später mit Hülfe des Dampfwagens über Wurzen diese Thäler und Berge besucht und stets mit gesteigertem Vergnügen an ihren Reizen sich erquickt ...«[3]

Richtig Fahrt aufgenommen haben solche Ausflüge und Wanderungen im Muldetal mit dem Bau der »Muldenthal-Eisenbahn« in den Jahren 1873–77, welche die Zwickauer Mulde, ihre Täler und Landschaften, die anliegenden Dörfer und Gewerke nachhaltig erschließen konnte. Ihre Baugeschichte und Streckenführung hat Manfred Berger in seinem gleichnamigen Standardwerk von 1981 beschrieben.[4] Nach Kriegszerstörungen 1945 musste ihr Dampflokbetrieb eingeschränkt werden und bis zu Anfang unseres Jahrhunderts ist er ganz eingestellt worden. Sie war eine der landschaftlich schönsten sächsischen Eisenbahnstrecken, verlief über 82 Kilometer zwischen Glauchau und Wurzen, ab 1927 sogar bis Eilenburg, dabei immer östlich der Zwickauer und der Vereinigten Mulde, soweit sich nicht große Flussbögen durch Brückenbauten abschneiden ließen. Nur die ursprüngliche Projektierung bis Wittenberg mit erstrebtem Anschluss an Berlin wurde nicht mehr realisiert. Gleichwohl war ihr Bau eine verkehrsgeschichtliche wie ingenieurtechnische Großtat im ge-

birgig engen Tal der Burgen mit Brückenbauten bei Rochsburg, Rochlitz, Lastau und Grimma. Dazu kam eine weitere Brücke über den Chemnitz-Fluss, bevor die Muldentalbahn den in den Jahren 1870/71 aus Naturstein errichteten, heute 380 Meter langen (urspr. 500 Meter) und 68 Meter hohen, im Mittelteil zweistöckigen, zwölfbögigen (urspr. 21 Bögen) Göhrener Viadukt der Bahnstrecke Leipzig–Chemnitz unterquerte.

In luftiger Höhe rollen auf der dritthöchsten Eisenbahnbrücke Sachsens im Stundentakt Züge hin und zurück, indessen unten auf den Gleisen der alten Muldentalbahn nur noch hin und wieder, aber immerhin, »Schienentrabis« auf Bestellung verkehren, ab Bahnhof Rochlitz. Etwa fünf Kilometer südlich des Viadukts überbrückte die »Muldenthal-Eisenbahn« hinter Lunzenau die Mulde und schnitt den weiten Flussbogen um den Rochsburger Schlossberg in einem Tunnel zum Bahnhof Rochsburg, um danach »Amerika« zu durchfahren, in Richtung Penig, Wolkenburg, Waldenburg, Remse und Glauchau flussaufwärts. Noch liegen die Bahngleise größtenteils, stehen die alten Brücken, gibt es neuerlich Bemühungen des 2006 gegründeten Fördervereins Muldentalbahn um eine schrittweise Wiederherrichtung der Strecke, die 2011 für den Abschnitt von Glauchau bis Großbothen (Sermuth) Eingang in die Denkmalliste des Freistaates Sachsen gefunden hat.

Die »Muldenthal-Eisenbahn« mit ingenieurtechnischen Brückenlösungen wie hier unter dem imposanten Göhrener Viadukt entlang dem Muldeufer auf einer alten Fachwerkträgerbrücke über den Cosse-ner Bach, um 1930

Linke Seite:
Karte ihrer Projektierung aus dem Jahr 1863, ursprünglich bis Wittenberg ausgelegt, 1873–77 zwischen Glauchau und Wurzen realisiert, ab 1927 dann bis Eilenburg (Berger, 1994)

◈ Amerika ist einer der jüngsten Orte Sachsens, eine Fabrik-Kolonie an der Mulde, entstanden aus einer 1835 gegründeten Woll- und Kammgarnspinnerei. Anfangs nur Haltestelle für Güterverkehr, stieg Amerika mit dem Stationsgebäude 1899 in den Rang eines Bahnhofs auf. Für die »Muldenthal-Eisenbahn« ist es vom Bahnhof Glauchau her Kilometer 21,65; bis Wechselburg am Rochlitzer Berg bleiben zehn Gleiskilometer. Nach der Muldeflut von 2002 wurde der reguläre Verkehr auf der Bahnstrecke eingestellt, doch die am Wehr den Fluss überspannende Fußgängerbrücke verhilft Wanderern noch zur Höllmühle bzw. muldeabwärts bis zum Schaukelsteg und hinauf zur Rochsburg. Sie wird als Perle des Muldetales, als dessen romantischste Burganlage gepriesen. Etwa 50 Meter thront sie auf felsiger Höhe über dem Fluss, war im späten 12./13. Jahrhundert Reichsburggrafensitz. Durch den wettinischen Landesbaumeister Arnold von Westfalen ist die große Burganlage nach 1470 ausgebaut und zum Schloss umgewandelt worden, heute ein museal erschlossenes jahrhundertealtes Denkmal der sächsischen Kultur- und Kunstgeschichte. Vom Muldewehr bei Amerika aus sind es etwa 20 Kilometer Mulderadweg flussab zum Rochlitzer Berg, nach Rochlitz. Bis zur Wechselburger Muldebrücke werden die linksmuldischen Orte Arnsdorf, Rochsburg, Lunzenau, Göhren und Altzschillen durchradelt – eindrucksvoll das Unterfahren des »himmelhohen« Göhrener Viadukts über die Mulde.[5]

Nach diesem gedanklichen Ausgreifen flussauf bis zu den Schlössern Hinter- und Forderglauchau als Stammsitz der den Zwickauer Mulderaum lange beherrschenden Schönburger und Glauchau als Ausgangsbahnhof der einstigen Muldenthal-Eisenbahn nun zurück zum Ausgangspunkt Rochlitzer Berg und zur Mulde. In der frühen Kartografie begegnen ihre drei Flussteile meist noch ununterschieden als »Muldau«. Erst August Schumann breitete in seinem Lexikon (1819) ihre Namen aus: »Zwickauer oder Schneeberger, auch weiße oder westliche Mulde« (occidentalis Milda oder Zwickauer Mulde nach ihrer größten Anliegerstadt benannt) und »Freiberger« oder »östliche Mulde« (orientalis Milda) genannt.[6] Die Zwickauer Mulde hat am Rochlitzer Berg rund 140 Kilometer Flusslauf hinter sich, aus dem vogtländischen Quellgebiet und dem Westerzgebirge kommend. Nach weiteren 20 Kilometern vermischt sie sich bei Sermuth mit der aus dem östlichen Erzgebirge zufließenden Freiberger Mulde, die vor Leisnig die Zschopau als mittleren Erzgebirgsfluss aufnimmt, zur Vereinigten Mulde. Eine »Milde«, wie ihre erste Beurkundung 965 als »Milda« nahelegen könnte, ist sie gleichwohl nicht, eher dem Altsorbischen folgend eine »Mahlende/Zerreibende«, hat sie sich doch tief ins Gestein mäandriert. Gerade nach dem Wechselburger Schlossberg, wo sich die Zwickauer

Die Rochsburg in der großen Muldeschleife, Lithografie um 1850

Am Muldewehr der einstigen Fabrikkolonie Amerika, Blick von der Fußgängerbrücke über die Mulde, die wie weiter flussab der Schaukelsteg Wanderer nach zweimaligem Uferwechsel zur Rochsburg führt

Wechselburg, Muldebrücke, Schloss und Ort vor dem Rochlitzer Berg, Lithografie um 1850

Mulde in großer Flussschleife (Silbertal) um einen Ausläufer des Rochlitzer Berges windet, lässt sich das auf wildromantischem Pfad an der Eulenkluft zwischen Fels und Mulde erleben.

Die Lithografie im »Album der Rittergüter und Schlösser im Königreiche Sachsen« aus der Mitte des 19. Jahrhunderts zeigt den Blickzusammenhang von Kloster Zschillen und Schloss Wechselburg hoch über der Zwickauer Mulde mit ihrer Porphyr-Bogenbrücke über den Fluss von 1844–46 und dem alles beherrschenden Rochlitzer Berg. Der schon erwähnte August Schumann gilt als erster ausführlicher Berichterstatter über den Rochlitzer Berg und die Aussicht von der »größten Halde nahe unterm Gipfel des ansonsten dicht bewaldeten Berges«:

◈ »Von besonderem Interesse ist der Rochlitzer Berg dem Geologen und Mineralogen, indem er sich durch seine Gebirgsart, einen festen Porphyr, vor allen umliegenden Bergrücken und Bergen absondert, und als ein völlig isolirtes, obgleich sehr kurzes Mittelgebirge betrachtet werden muß ... Unter den 10 Brüchen sind die 3 höchsten, auf dem eigentlichen Gipfel des Berges, zugleich die größten, und nach ihrer, bis auf 40 bis 55 Ellen gehenden Tiefe zu schließen, auch die ältesten, aus ihnen wurde z.B.

schon im 11ten Jahrhundert die Kunigundenkirche zu Rochlitz gebaut, und höchstwahrscheinlich noch früher das Rochlitzer Schloss ...« Der Gipfel wurde vom Aufseher der Brüche vom Wald geräumt und die so entstandene Aussicht »ist ohne alle Frage zu den reitzendsten, reichsten und umfassendsten in Sachsen zu zählen, und beherrscht einen großen Theil des Königreichs nach seiner ganzen Breite ... vor allen zwingt das Hochgebirge am südlichen und südöstlichen Horizonte zur Betrachtung und Bewunderung. Hier übersieht man mit einem Blicke die schön-wogende Kette desselben von Schöneck im Voigtlande an bis zum kahlen Berge bei Altenberg, und fast in seiner Mitte krönt es der gespaltene Gipfel des Fichtelbergs ... Am entzückendsten ist aber ganz nahe das vielfach gekrümmte Muldental, wo sich Größe und Milde der Natur mit den erfreulichsten Spuren der Cultur verbindet ... und ihre Reitze erhebt der Muldenspiegel ... Der Strom leitet den Blick nach der muntern Stadt Rochlitz mit ihren vielen Thürmen hinab, so wie nach Colditz ...«[7]

Dieser »Entdeckung« eines mittelsächsischen Gipfels am Beginn des 19. Jahrhunderts sind namhaftere und weit frühere vorausgegangen wie die des Mont Ventoux durch den Italiener Francesco Petrarca, der den knapp zweitausender Bergstock der französischen Voralpen im Jahr 1336 (!) bestiegen hat. An der Schwelle vom Mittelalter zur Neuzeit ist da wohl erstmals Landschaft als »Totaleindruck einer

Die Wechselburger Bogenbrücke über die Mulde

Gegend« bis hin zum Mittelmeer, zu den höchsten Alpengipfeln und den Pyrenäen in das Blickfeld eines dafür empfänglichen Dichters geraten.[8] In Deutschland haben erst die Romantiker, Maler wie Dichter, angestoßen durch die »Freiheit der Schweizer Alpen« und Schweizer Maler wie Anton Graff und Adrian Zingg an der Dresdner Akademie, zu solchen heimischen Erlebnissen in eigenen »Schweizen« und Gipfelzonen gefunden.

Zum Ästhetischen gesellten sich naturwissenschaftliche Einsichten, etwa in den Vulkanismus. Geologisch gilt der Rochlitzer Berg »als eine Besonderheit. Er ist ein ›Härtling‹. Sein Gipfel besteht aus der verfestigten Asche eines Vulkans des Rotliegenden, der vor rund 250 Millionen Jahren tätig gewesen ist. Der Rochlitzer Quarzporphyrtuff hat seine Härte durch nachträgliche Verkieselung erhalten. Dadurch konnte der Berg den abtragenden Kräften und der Eiszeit so erfolgreich widerstehen ... Der hier seit etwa 900 Jahren abgebaute ›Rochlitzer Porphyrtuff‹ besaß einst große wirtschaftliche Bedeutung und prägte als Werkstein in weitem Umkreis das architektonische Bild der Landschaft. Sehenswerte bis zu 60 Meter tiefe Steinbrüche mit senkrechten Wänden, die den Berg nicht, wie sonst üblich, von der Seite, sondern von oben her angehen, sind heute Naturdenkmal und technisches Denkmal der Steingewinnung zugleich.«[9]

Aussichtsturm auf dem Rochlitzer Berg

Linke Seite: Der rote »Sächsische Marmor«, Porphyrwand im Haberkornschen Bruch des Rochlitzer Berges

An vielen sächsischen Kirchen- und Burgen- wie Schlossbauten hat der Rochlitzer Porphyr als gut zu bearbeitendes Weichgestein durch hiesige Steinmetzen Verwendung gefunden. Auch Baumeister wie Arnold von Westfalen, Schöpfer der Meißner Albrechtsburg, haben ihn mit Vorliebe verwendet. Fenstergewände, Portale, Maßwerk und andere Baudetails mehr schmückt, bis in den bürgerlichen Haus- und bäuerlichen Gehöftbau hinein, der offenporige, als »sächsischer Marmor« gerühmte Stein mit seiner warmen Ausstrahlung. Der über 20 Meter hohe, 1860 eingeweihte, dem 1854 in Tirol tödlich verunglückten König Friedrich August II. gewidmete Aussichtsturm auf dem Berg steht am Ende jener romantischen Entdeckungen im frühen 19. Jahrhundert, denen wie anderenorts auch hier der Fremdenverkehr folgte. Heute wird jährlich »Performance zum Stein« geboten, der »Mittelsächsische Kultursommer« hat die Brüche als Kulisse für Veranstaltungen entdeckt.

Ein Porphyrlehrpfad an der Bergstraße führt zunächst in einem Abstecher nach links in den Haberkornschen Bruch, vorbei am Bergkeller und Pferdestall. Wieder zurück auf der Bergstraße, geht es weiter zum Panoramablick an der Bergkante, zur Einsiedelei am Seidelbruch, zur Königshöhe mit dem Erinnerungsdenkmal an die

Bergkeller am Eingang zum Haberkornschen Bruch

Rückkehr des sächsischen Königs Friedrich August I. aus alliierter Gefangenschaft im Jahre 1815 – nach der Inschrift der Marmortafel »Dem König Friedrich August II. von Sachsen errichtet durch seines Volkes Liebe« – und zum Gleisbergbruch mit seinen Zeugen früherer Steinmetzarbeit. Die Porphyrschicht des Berges beläuft sich noch auf etwa 80 Meter. Die »Vereinigten Porphyrbrüche auf dem Rochlitzer Berge GmbH« haben ihren Werksitz südwestlich von Rochlitz in Breitenborn an der B 175.

Der Rochlitzer Berg zählt mit seinen Porphyrbrüchen wie die Vulkaneifel mit ihren Maaren und die Karstlandschaft Blaubeurer Alb mit dem Blautopf zu Deutschlands Naturwundern. Er ist der südlichste Punkt des 2006 gegründeten und inzwischen zertifizierten Geoparks »Porphyrland. Steinreich in Sachsen«, dessen Grenzen in etwa der vor über 300 Millionen Jahren entstandenen Nordwestsächsischen Vulkanitsenke entsprechen. Seine Erstreckung zu beiden Seiten der Zwickauer und der Vereinigten Mulde reicht bis Thallwitz und Röcknitz zu den Hohburger Bergen und westöstlich vom Beuchaer Granitporphyr bis zum Kemmlitzer Kaolin bei Mügeln und zur Grauwacke des Collms bei Oschatz, einer mit 312 Metern Höhe dem Rochlitzer Berg nahekommenden Landmarke in Mittelsachsen.

Werksitz der »Vereinigten Porphyrbrüche auf dem Rochlitzer Berge GmbH« an der B 175 südwestlich von Rochlitz

# Von Wechselburg nach Rochlitz

Der Muldental-Wanderweg führt zum Gipfel des Rochlitzer Berges (etwa 60 Meter Höhenunterschied auf 300 Meter Länge!), indes der Mulderadweg an der Wechselburger Brücke hinüber auf das östliche Muldeufer zu Schloss, Park und Stiftskirche wechselt. Die massiven Brückenfiguren symbolisieren den Burgen- und Gebietstausch zwischen den Wettinern und Schönburgern im Jahre 1543. Die Muldentalbahn ist angesichts des sich 207 Meter über den Fluss erhebenden Rochlitzer Berges gleich auf dem Ostufer geblieben, über den getunnelten Silberbach hinweg bis kurz vor Rochlitz. Dem folgt der Mulderadweg von der Höhe des Wechselburger Ortsausgangs entlang der Siedlung ins Waldgebiet des Silbertales und ins Offenland nach Fischheim. Silberbach und -tal erinnern an die seit 1468 bezeugte Erzgewinnung im Seelitzer Raum, etwa im St. Johannes Stollen am Bieserner Vogelsang und am Bieserner Borstel wie auch im Silbertal (Historischer Bergbau Seelitz e.V.).

Am Zugang zur Wechselburger Muldebrücke thronen die fürstlichen Gebietstausch-Figuren.

Wer am Südfuß des Rochlitzer Berges seine Muldereise beginnt, ob zu Fuß oder per Rad, kommt in den Genuss des besterhaltenen romanischen Kirchenbaues in Sachsen, einer kreuzförmigen Pfeilerbasilika. 1168 ist die Kirche des von Dedo V. aus wettinischem Hause, Markgraf der Ostmark / Lausitz, Graf von Groitzsch und Herr von Rochlitz, gestifteten Klosters Zschillen geweiht worden. Das mit Chorherren vom Lauterberg, dem 250 Meter hohen Petersberg bei Halle, besetzte Kloster war das erste Augustiner-Chorherrenstift der Mark Meißen, ein halbes Jahrhundert vor Gründung des Leipziger Thomasklosters. War es Zufall, dass man von einem Alt-Vulkan in die Nachbarschaft des anderen fand – Petersberg und Rochlitzer Berg sind jedenfalls heute allein noch in diesem Raum lokalisierbar unter den zahlreichen Vulkanen des Rotliegenden. 1539 wurde das in seinem Gebäudebestand spätgotische Kloster Zschillen (Torbauten erhalten) säkularisiert und vier Jahre später samt Stiftsbesitz über 22 Dörfer durch den albertinischen Herzog Moritz von Sachsen zusammen mit der Herrschaft Penig gegen die in der Sächsischen Schweiz gelegenen Herrschaften Hohnstein, Lohmen und Wehlen an die Herren von Schönburg vertauscht, was zu dem Namen Wechselburg geführt hat. Nachdem ein Jahrfünft später die Schönburger auch die Herrschaft Rochsburg

Spätromanische Basilika der ehemaligen Stiftskirche am Schloss Wechselburg von Westen

hinzuerwerben konnten, entstand bei ihrer schon erwähnten Besitzteilung von 1556 die untere Linie des Hauses Schönburg, die fortan den Mulderaum von Penig bis Wechselburg beherrschte.

Auf den Grundmauern der romanischen Klausur ließen die in Wechselburg seit 1670 residierenden Schönburger der Forderglauchauer Linie 1753–56 einen barocken Schlossbau drei Etagen hoch und 16 Fenster breit aufführen, zudem das vorgelagerte, im Kern spätgotische Kleine Schloss barock verändern, mit Terrassengärten an der Südseite. Zur Hauskirche nahmen sie sich die ehemalige Stiftskirche mit ihren herausragenden Werken deutscher Plastik des frühen 13. Jahrhunderts – im Blickfeld die aus Eichenholz geschnitzte Kreuzigungsgruppe sowie die steinernen Bildwerke des zweigeschossigen spätromanischen Lettners mit Bezügen zu den Skulpturen der Goldenen Pforte des Freiberger Domes. Im nördlichen Querhaus liegen auf einer neuromanischen Tumba die lebensgroßen Figuren des wettinischen Stifterehepaares Dedo V. († 1190) und Mechthild († 1189), deren Grabmal künstlerische Verwandtschaft und Zeitnähe zum Pegauer Grabmal des Grafen Wiprecht von Groitzsch atmet.

Der aus Bruchstein und Rochlitzer Porphyrtuff errichtete etwa 54 Meter lange, durch die Chorschranke in Stifts- und Gemeindekirche (Priester- und Laienkirche) funktional gegliederte Bau hat schulbildend auf die Architektur in Sachsen gewirkt. Der Kontrastwechsel von verputzten, hell gestrichenen Bruchsteinwänden und Rochlitzer Werkstein unterstützt die Raumarchitektur und

Der spätromanische Lettner der Stiftskirche zu Wechselburg mit den steinernen Bildwerken und der Kreuzigungsgruppe aus Eichenholz

Grablege des wettinischen Stifterehepaares Dedo v. Groitzsch und Gemahlin Mechthild im nördlichen Querhaus der Stiftskirche

Blick aus dem Klosterhof zur Wechselburger Stadtkirche St. Otto

festliche Wirkung des Gotteshauses. Nahe der turmlosen Stiftskirche, die 1678–84 zur evangelischen Schlosskirche umgebaut und dann 1871–84 nach Konversion des Schlossherrn als katholische Schlosskirche restauriert wurde, erhebt sich weithin sichtbar die evangelische Pfarrkirche aus den 1730er Jahren mit qualitätvoller Ausstattung der Erbauungszeit. Kloster Zschillen / Wechselburg hat seit 1993 wieder Benediktiner-Priester, ein zur Benediktinerabtei Ettal gehöriges Priorat.

Wanderer wie Radfahrer können sich aus Wechselburg alternativ ganz muldenah aus der Talsohle des weitläufigen, den gesamten Bergsporn einnehmenden Schlossparks im englischen Stil auf verwurzeltem Waldboden des Silbertalweges in Richtung Rochlitz bewegen. An der Überbrückung des Silberbaches lohnt an dem kluftigen Bergbach entlang ein Aufstieg zum Fischheimer »Borstel«, dem »Alten Wall« (namensgleich der Bieserner »Borstel«, auch slawenzeitlich). Bevor man dort bergan auf die Bahngleise trifft, führen links Stufen zur Kuppe der 210 Meter hochgelegenen Abschnittsbefestigung mit doppeltem Wall und Grabensystem, die sich vor dem äußeren Wallzug umlaufen lassen, am Steilabfall zum Gleisbett der Muldentalbahn. Zurück auf dem schmalen Pfad am Flussufer, öffnet sich bald eine Aussicht auf den Rochlitzer Berg, wo dann auch Fischheim auftaucht, das eine Hängebrücke über die Mulde mit Sörnzig verbindet, dessen Weidefluren am Hang des Rochlitzer Berges liegen. Wie linksmuldisch an der Eulenkluft können Muldental-Wanderer ebenso von hier den Gipfel angehen. Der

Wappen der Schönburger von 1723 am spätgotischen Klostertorbau und die Gartenseite der barocken Schlossanlage Wechselburg

vom Sörnziger Landgasthof jenseits der Hängebrücke nach Schloss Rochlitz weisende Radweg geht bald im Wald steil bergan, anders der sich auf dem östlichen Ufer haltende Mulderadweg, der von Fischheim her, zweimal die Bahngleise querend, Steudten, Biesern und Zaßnitz erreicht. Dort wird er durch eine Hängebrücke von 1958, den sogenannten Schaukelsteg, über die Mulde und danach über den Mühlgraben in die Stadt geführt.

◈ Die Sörnziger Muldefurt nutzte Anfang März 1547, in der Endphase des Schmalkaldischen Krieges, Reiterei des späteren Verlierers von Mühlberg, des ernestinischen Kurfürsten Johann Friedrich des Großmütigen, der hier aus der sogenannten Schlacht bei Rochlitz noch als Sieger über die Kaiserlichen hervorging. Über Schloss und Amt Rochlitz herrschte die auf Schmalkaldener Seite stehende Herzogin Elisabeth, die in ihrem Wittum gegen den erklärten Willen ihres altgläubigen Schwiegervaters, Herzog Georgs des Bärtigen, 1538 die Reformation eingeführt hatte. In umfänglicher Korrespondenz mit den Fürsten ihrer Zeit stehend und einen Ausgleich zwischen den beiden Religionslagern suchend, soll das Schloss mit den Tag und Nacht ein- wie ausgehenden Boten geradezu einer Nachrichtenzentrale geglichen haben.[10]

Am Nordfuß des Rochlitzer Berges, wohin der Wanderweg vom Gipfel durch den Bergwald bis zur oberen Brücke von Schloss Rochlitz führt, liegt die Stadt auf einer Flussterrasse im großen Muldebogen. Die Gleise der Muldentalbahn wechseln auf einer über 200 Meter langen Stahlbrücke wieder das Ufer zur Stadt hi-

**Blick zum Rochlitzer Berg vom Radweg an der Sörnziger Hängebrücke und hinüber zum Landgasthof**

Schloss Rochlitz und St. Petri, Muldentalbahnbrücke, Muldewehr mit Fischtreppe und Schlossmühle

nüber, im Angesicht des Schlosses, Muldenwehres/-werders und der Schloss-, später Schlobachs Mühle, unmittelbar an der spätgotischen Hallenkirche St. Petri vorbei, der im Jahre 1168 erwähnten Burgwardkirche. Ihre Funktion als Hauptpfarrkirche der Stadt hat sie 1548 an die von der »Rochlitzer (Bau-)Hütte« spätgotisch vollendete Kunigundenkirche verloren, deren Hochaltar von 1513 die Schreinfiguren des Kaiserpaares Heinrich II. und Kunigunde zeigt. Der Rochlitzer Schlossberg trug einen slawischen Burgwall mit einer Vorburg im Bereich von St. Petri. Erste Nennung hat Rochlitz (»ripa Rochilinze«) zu 995 in einer Königsurkunde zur Grenzziehung des Bistums Meißen gefunden. Wenig später, zu 1009, erwähnte Merseburgs Bischof Thietmar erstmals die Königsburg »urbs Rocholenzi in chutici orientalis« – gelegen in dem das Elster-, Pleiße- und Muldeland umfassenden Gau Chutici. Genauer gesagt, in einer sich südöstlich anschließenden altsorbischen Siedlungskammer, letztem Offenland vor dem geschlossenen »Finsterwald« bis ins Erzgebirge.

Die Reichsburg wurde 1143 vom Kaiser an den Wettiner Markgrafen Konrad I. von Meißen ausgegeben, nach dessen Herrschaftsverzicht sie 1156 auf seinen Sohn Dedo V. und die Nebenlinie

Rochlitz-Groitzsch überging. Der Gründer des Zschillen/Wechselburger Augustinerchorherrenstifts und spätere Markgraf der Ostmark/Lausitz ließ die ehemalige Reichsburg ausbauen und schuf sich durch Rodungen und Aufsiedlung der Hochflächen muldeaufwärts die Herrschaft Rochlitz. Unter seiner Förderung entstand anknüpfend an die Kaufmannssiedlung bei der hiesigen Muldenfurt eine planmäßige Stadtanlage um den langgestreckten Straßenmarkt und die Kunigundenkirche. Dieser Typ Straßenmarktsiedlung (in Ost-West-Richtung wie die umliegenden Straßendörfer) mit seiner Sommer-/Morgenseite (Rathausstraße) und der Winter-/Abendseite (Hauptstraße) und nur schmalen Nebenstraßen ist noch heute gut erkennbar, stellt das besterhaltene Beispiel im Sächsischen dar. Aus Allodialbesitz formte sich die Grafschaft Rochlitz, die 1210 nach Aussterben der Rochlitz-Groitzscher Linie endgültig an die wettinische Hauptlinie unter Markgraf Dietrich den Bedrängten zurückfiel. An der Ostseite des von Rotdornbäumen gesäumten Marktes erhebt sich das freistehende Rathaus, davor der von Georg Wrba 1929 geschaffene Marktbrunnen.

Die gemeinsame Ummauerung von Burg und Stadt Rochlitz im späten 14. Jahrhundert wurde sinnfälliger Ausdruck landesherrlicher Gewalt. Die auf einem langgezogenen Bergsporn des hier auslaufenden Rochlitzer Berges liegende Schlossbaugruppe

Der Rochlitzer Straßenmarkt mit dem mittigen Rathaus, im Hintergrund der Turm der Kunigundenkirche

Decke der restaurierten, durch ihre hohen Fenster sehr lichten Rochlitzer Schlosskapelle mit reichem rankenverziertem Netzgewölbe und Resten der spätgotischen Ausmalung erhielt als künftiger Wittums- und Amtsitz ihre stadtbestimmende Form, insbesondere mit dem erneuerten zweitürmigen Westwerk, der »Lichten und Finsteren Jupe (Burgverliese mit »Angstloch«, Westwehrgang als Verbindung zwischen den Türmen). Die Handschrift Arnolds von Westfalen tragen das östliche Querhaus und die Schlosskapelle mit ihren hohen Chorfenstern und bedeutenden Resten spätgotischer Ausmalung vom Ende des 15. Jahrhunderts. Nordwestlich fügen sich Fürstenhaus (um 1390) und mittelalterlicher Nordwehrgang an. Die Hoffront der Südseite reicht mit Torturm, Palas oder Altem Haus und Wohnturm ins 11./12. Jahrhundert zurück.

Abgerissen wurde 1990/91 im nördlichen Burghof die alte Haftanstalt, deren dunkelstes Kapitel die Jahre 1945–47 als Sitz des sowjetischen Geheimdienstes waren. 1993 ist Schloss Rochlitz vom Freistaat Sachsen übernommen worden, seither haben umfängliche Sicherungs-, Entkernungs- und Restaurierungsarbeiten zu einem modernen Museums- und Ausstellungszentrum geführt.

◈ In seiner Untersuchung »Schloss Rochlitz und die sowjetische Geheimpolizei« schreibt der langjährige Rochlitzer Museumsleiter Udo Baumbach: »Die Geheimpolizei des sowjetischen NKWD und die Existenz ihrer Lager, Gefängnisse und Todesurteile gehörten zu den größten Tabus, zu den bestgehüteten Geheimnissen der SBZ/DDR und des Ostens. Dieses mehr oder weniger bewusste Hintergrundwissen bildete einen nicht zu unterschätzenden Teil der Erinnerungs- und Lebensgeschichte der Ostdeutschen. Als Museumsmann in einem alten westsächsischen Schloss, das der Geheimpolizei als Gefängnis herhalten musste, bin ich zwar schon 1959 mit diesem Phänomen konfrontiert worden, konnte ihm aber erst nach der Wende nachgehen ... Knapp 1000 Inhaftierte konnten namentlich ermittelt werden. Wie groß die Dunkelziffer ist, die der ›Mantel der Geschichte‹ verbirgt, ist schwer zu bestimmen.«[11]

Tafeln des Rochlitzer Geschichtsvereins erinnern beim Gang durch die Stadt von der Kunigundenkirche bis in die Burgstraße an deren reiche Geschichte.

Von den steinernen Brücken, die das Schloss mit der Stadt und dem Bergrücken verbinden, wie auch von den Altanen des Schlosses ergeben sich eindrucksvolle Aussichten auf den Fluss und die tausendjährige Stadt. Sie hatte eine frühe Lateinschule (1538, Um- und Neubau 1804) mit namhaften Abgängern zur Leipziger Universität in ihren Mauern, wie den Wander-/Wunderarzt Andreas Eisenbart und den Bürgerschuldirektor Friedrich Wilhelm Putzger, der für seinen 1877 herausgegebenen »Historischen Schul-Atlas« (den »Putzger«, heute als historischer Weltatlas in 104. Auflage vorliegend) namengebend wurde. Aus Rochlitz stammt Maximilian Hallbauer, der Diakon an der Petrikirche und später Pfarrer

Mit dem »Schienentrabi« auf der Rochlitzer Brücke bei St. Petri (unten) und unter dem Göhrener Viadukt

in Großbothen wurde und das bis zum Ersten Weltkrieg vielgesungene Sachsenlied »Gott sei mit dir, mein Sachsenland« dichtete, das sogleich Eingang in »Soldatenlieder für die Sächsische Armee« (Dresden 1842) gefunden hat. Auch Johannes Mathesius (1504–65, Denkmal von 1904 am Kunigundenplatz), ein Lutherschüler und erster Lutherbiograf, Joachimsthaler Reformator und um Georgius Agricolas Werk hochverdienter Mann, sowie der Heimatforscher und Museumsgründer Clemens Pfau (Ehrenbürger, Geburtshaus am gleichnamigen Platz) und der Dresdner Maler Hans Theo Richter stammen aus Rochlitz.

Ein heute der »Muldenthal-Eisenbahn« nahekommendes Erlebnis bieten die gelegentlich vom Bahnhof Rochlitz ausgehenden Fahrten mit dem sogenannten »Schienentrabi« über Wechselburg bis zum Viadukt Göhren und retour. Eindrückliche Blicke ergeben sich von den Gleisen auf Schloss Rochlitz und Petri-Kirche, auf Muldewehr und Schaukelsteg, in der Mitte der Strecke zum Rochlitzer Berg und auf Wechselburg, schließlich auf die einmündende Chemnitz und und zum vielbögigen Göhrener Viadukt – eine geruhsame Fahrt in schön bewegtem Gelände.

# Zum Colditzer Schlossberg

◈ Aus Rochlitz verläuft der Mulderadweg nach dem Zaßnitzer Schaukelsteg und Mühlgraben über die Uferstraße zur Muldenbrücke (Neubau 1933/34 mit porphyrverblendeten Bögen) und darunter weg weiter ufernah und über den Klinkbornweg hinauf zur Hochuferstraße und zum Bahnhof, der für das seinerzeitige »Muldenthal-Eisenbahn«-Projekt etwa in der Streckenmitte lag. Nach der Möser Maschinenbau GmbH und einem kurzen Bahntunnel überspannen zwei Brücken die Zwickauer Mulde. Über die erste führte die Waldheim-Rochlitzer Eisenbahnlinie (1998 stillgelegt), über die zweite kommen die Gleise der Muldentalbahn wieder aufs östliche Ufer des Flusses, wo sie über Penna und Kralapp bis zum Lastauer Burgberg verbleiben. Der Mulderadweg und der Muldental-Wanderweg wechseln ebenso das Ufer an der »Muldenthal-Eisenbahn«-Brücke, der für Fußgänger und Radler ein gewagter hölzerner Umlauf angefügt ist.
Die wenig befahrene Landstraße über Penna, Kralapp und unterhalb von Lastau (Muldeaue), zur Linken immer die Gleise und der Fluss, wird vom Mulderadweg genutzt. Im Leithetal nördlich von Penna wurde bis Anfang des 20. Jahrhunderts Schiefer gebrochen. Als zwar schwerer, doch ungemein haltbarer Dachschiefer prägte der silbergraue »Pennaer Schiefer« die Rochlitzer Kulturlandschaft nachhaltig mit. Bei der 1792 erwähnten Lastauer Sägemühle kreuzen die Bahngleise die Straße zum Bahnhof. Es folgt die schon im Jahr 1265 für Lastau bezeugte Mühle, spätere Papierfabrik, mit Wehr und Wasserkraftwerk; am östlichen Hang liegt das »Parkhotel Muldental«.

Die markante Geländekuppe des Lastauer Burgberges über der Aue der Zwickauer Mulde hat eine – wohl slawisch vorbesiedelte – mittelalterliche Höhenburg getragen. Der Steilhang zur Mulde bot natürlichen Schutz, an den übrigen Seiten fanden sich Reste eines doppelten Wall-Graben-Systems. Vom Merseburger Chronisten Thietmar wurde die am Bergfuß liegende Siedlung Lastau zu 981 früh genannt. Der 1888 anlässlich der 800-Jahr-Feier des sächsischen Königshauses als künstliche Turmruine errichtete Wettin-Aussichtsturm ist seit 1945 wirklich Ruine. Im Lastauer Pfarrhaus hat der Dresdner Novellist Adolf Stern (eigentlich Adolf Ernst) die Handlung seiner 1911 erschienenen Novelle »Weihnachtsoratorium« angesiedelt. Hier und in Colditz war Christian Führer seit 1968 Seelsorger, bevor er 1980 zum Pfarrer der Leipziger Nikolaikirche berufen wurde, aus deren Friedens-, seit 1982 Montagsgebeten die Leipziger Montagsdemonstrationen 1989 hervorgingen.

Colditzer Stadtkrone – die große Schlossanlage hoch über der Mulde, rechts die Stadtkirche St. Egidien

Der Fluss wird bei Lastau ein weiteres Mal für die Muldentalbahn überbrückt, deren Gleise am Westufer entlang über mehrere Viadukte auf den Colditzer Bahnhof zulaufen. Kleine Bachtäler wie die nach dem Burgberg zufließenden des Schwarzbaches sowie des Auen- und Erlbaches geben dem Colditzer Landschaftsrelief einen reizvollen Wechsel mit zumeist bewaldeten Höhen. Hoch über der Mulde erhebt sich zur Rechten der 1901 in wenigen Wochen erbaute Heimatturm auf dem Töpelsberg mit Aussichtsplattform. Vom nahen Berghang starten Gleitschirmflieger hinunter ins Mulde- und Auenbachtal.

Nach Colditz hinein zweigt von der Lastauer Straße ein für Radfahrer und Wanderer alternativ möglicher Pfad zum Muldeufer ab, der bis zur Brücke am Furtweg verläuft. Westlich der Mulde liegt die Brache der »Porzelline«, wie das auf langer Steinzeug-Tradition fußende Colditzer Porzellanwerk im Volksmund hieß, nach 2005 abgerissen. Schon im Jahre 1789 hatte es geheißen, in Colditz werde »der brauchbarste Tohn zur Porzellanfabrik gegraben, ingleichen der weiß Tohn, so wie der zu Meissen, welche von Fabricanten gesucht werden«. Die 1907 gegründete »Steingut A. G.

Colditz« war europaweit die größte Steingutfabrik. 1958 auf Porzellan umgestellt, war der VEB Porzellanwerk Colditz mit 1400 Beschäftigten bald größter Arbeitgeber der Muldestadt. Der Name Furtweg wie die nahe rechtsmuldisch gelegene romanische Nicolaikirche (heute Friedhofskapelle) erinnern an eine frühe Kaufmannssiedlung am hiesigen Muldeübergang als Keimzelle der Stadt.

Die Altstadt, deren Untermarkt und Markt die Mulde-Radler über Lastauer Straße und Schulstraße erreichen, steigt terrassenförmig zum Colditzer Schlossberg an, von dessen früh befestigtem Geländesporn über der Mulde sie ihren städtischen Impuls erhalten hat. Ihre topographischen Anfänge sind in besagter Flussnähe zu lokalisieren, nach der Mitte des 12. Jahrhunderts bei der genannten Muldenfurt und Nicolaikirche. Die Altstadt ist eine spätere Plangründung der Burgherren von Colditz, im Anschluss an das Suburbium um die Badergasse, mit 1207 beurkundeter Muldenbrücke und herrschaftlicher Münze (1318). Im Jahre 1404 wurde die Stadt zusammen mit Schloss Colditz wettinisch, endete die landesherrliche Gewalt der Herren von Colditz an der unteren Zwickauer Mulde. Über zwei Städte und 51 Dörfer hatten sie geboten und Thimo VIII. von Colditz hat lange mit Erfolg böhmischen Schutz gegen die meißnischen Markgrafen gesucht. Nun zogen die Wettiner als kursächsische Landesfürsten auf dem Burgberg ein und wurden die Bauherren der heute noch das Stadtbild prägenden Renaissancesubstanz, beginnend mit Kurfürst Ernst, dem Stammvater der ernestinischen Linie der Wettiner, der hier ein Jahr nach der Leipziger Landesteilung 1486 verstorben ist, im selben Jahr wie seine Mutter Margaretha von Österreich, sächsische Kurfürstenwitwe, zu deren Altenburger Wittumsherrschaft auch Amt Colditz

Portal der romanischen Nicolaikirche/Friedhofskapelle in Colditz, mit Denkmal für die Gefallenen des Ersten Weltkrieges

Torhaus am Tiergarteneingang in Colditz, ein zweites in Zschirla, beide erbaut Anfang des 17. Jahrhunderts

mit Schloss und Münze gehörte. Das Schloss wurde Amts- und Wittumssitz, auch Jagdaufenthalt des Hofes, hatten doch Kurfürst Friedrich der Weise und später Kurfürst August hier mit der Einrichtung eines Tiergartens begonnen. Unter Kurfürst Johann Georg I. ist die Anlage 1624–26 bis Zschirla hin beträchtlich erweitert und ummauert worden, mit vier Torhäusern, Teichen und Lusthaus ein ehedem hochherrschaftliches, mit Rot- und Damwild besetztes Jagdrevier. Durch das Torhaus an der Tiergartenstraße führt der Fürstenweg in stark reliefiertes Geländes um den Tiergartenbach, am Ausgang des Kleinen Tiergartens dann in Richtung Zschadraß.

Der stadtseitige Zugang zum Schloss erfolgt über eine Steinbrücke zwischen zwei Torhäusern von 1522/24, das äußere mit Staffelgiebel, der Torbau vor dem Zwinger der Hauptburg mit hohem Turm und sächsisch-dänischem Alliance-Wappen von 1583 über dem Rundbogen. Der heutige Schlosskomplex, noch immer eine der ganz großen Anlagen im sächsischen Raum, stammt aus den Jahren 1578 –91. Damals haben Hans Irmisch und Peter Kummer d. Ä. unter Einbeziehung spätgotischer Teile den zweihöfigen Bau instandgesetzt und erweitert: Vorhof mit Marstall; Übergang zum hinteren Hof: Beamtenhaus, Flüstertorbogen; Hinterschloss mit Keller-, Kirchen-, Fürsten-, Küchen-, Saalhaus; im Kirchenhaus Allerheiligenkapelle (Renaissanceportal in Rochlitzer Porphyr von 1586 zwischen toskanischen Säulen mit kursächsischem und brandenburgischem Wappen). Als Witwenresidenz der Kurfürstin Sophie von Sachsen 1602–1622 erlebte das Schloss seine letzte Glanzzeit. 1800 wurde es Armenhaus für den Leipziger Kreis, 1803 Landesarbeitshaus und 1829 nach dem Pirnaer Sonnenstein zweite sächsische Landesversorgungsanstalt für Geisteskranke, aus der auch die benachbarten Zschadraßer Anstalten 1864 hervorgingen. Nach der kurzzeitigen Nutzung als SA-Konzentrationslager (1933/34) ist Schloss Colditz als Gefangenenlager für Offiziere der westlichen Alliierten (Oflag IV c) im Zweiten Weltkrieg »berühmt« geworden, vor allem in England (gleichnamige Verfilmung des Gefangenenberichts »The Colditz-Story« von Pat Reid, Fluchtmuseum im Schloss). Diese Geschichte des Schlosses setzte sich noch fort, als es im Herbst 1945 zu einer Sammelstelle für die durch die Bodenreform enteigneten und vertriebenen sächsischen Gutsbesitzerfamilien wurde (Gedenktafel für etwa 200 Betroffene), die auf die Insel Rügen verbracht und dort interniert wurden. Heute sind Museum und Jugendherberge, seit 2010 auch die Landesmusikakademie Sachsen im Schloss untergebracht.

Am nahen Kirchplatz befinden sich die mächtige Stadtkirche St. Egidien (15./16. Jahrhundert, Treppenturm um 1705, Tafel für den aus Colditz gebürtigen Reformator Wenceslaus Linck), die Alte Knabenschule und das Alte Diakonat (Fachwerkbau 1656), heute Köhlerhaus, benannt nach dem hier 1684 geborenen Historiker, Mitbegründer der Bibliothekswissenschaft und Münzkunde Johann David Köhler. Wohnhäuser des die Schlosstreppe hinab gelegenen Marktes und das Alte Rathaus (Eckbau mit Volutengiebeln) gehören dem 16./17. Jahrhundert an; über der Rathausuhr stoßen zu jeder vollen Stunde zwei vergoldete Ziegenböcke, sich aufrichtend, mit ihren Hörnern zusammen. Das Eckhaus Markt 21 mit gotischem Giebel war Anfang des 17. Jahrhunderts Wohnhaus von Benedict Carpzow d. Ä., den Kurfürstinwitwe Sophie als Kanzler aus Wittenberg berufen hat. Sein gleichnamiger Sohn wirkte seit 1620 am Leipziger Schöppenstuhl, berühmter Strafrechtler des Jahrhunderts und Ahnherr einer ganzen Gelehrten-Dynastie an der Leipziger Universität. Der 1612 in Colditz geborene Sohn August Carpzow war sachsen-altenburgischer Hofrat und als Gesandter am Münster Friedensschluss 1648 beteiligt, später sachsen-gothaischer Kanzler. Das verwinkelte, mit holprigen Gassen und Renaissanceportalen gesegnete Städtchen, das sein »Klein-Venedig« am Mühlgraben leider verloren hat, bietet noch einiges an spätmittelalterlichem Flair.

Marktblick zum Rathaus und Kirchberg

Linke Seite: Äußeres und inneres Torhaus mit Zwinger und großem Wappen als Zugänge für die dreihöfige Schlossanlage Colditz, unten: Blick zum Renaissanceportal der Schlosskapelle

Mit Blick zum Schlossberg hatte der 1916 in Colditz geborene Tierfotograf und Naturschriftsteller Helmut Drechsler westlich der Mulde auf dem Hartenstein sein Wohnhaus. Das in den weitläufigen Colditzer Forst führende nahe Kohlbachtal, sein »Tal der Falter« (Naturschutzgebiet), hat ihn zur Gestaltung des Buches »Kleine Welt am Wegesrand« (1948) angeregt – ein Erstlingswerk mit früher ökologischer Aussage von suggestiver Kraft, die Drechsler mit späteren Büchern trotz überregionaler Blickweitung und Publikumserfolg nicht wieder erreichte; er ist bei einer Afrikaexpedition 1960 tödlich verunglückt. Den durch neuzeitlichen Raubbau gelichteten Beständen des Colditzer Forstes, einst Laubwald, hat der Tharandter Forstwissenschaftler Heinrich Cotta 1822 ein großes Aufforstungsprogramm mit Nadelholz, überwiegend Fichten, verordnet. Doch so entstandene Monokulturen werden gegenwärtig rückverwandelt, wiederaufzuforstender Wald wird zum Mischwald umgebaut. Schnurgerade Schneisen durchziehen noch den Wald; etwa seine Mitte – der nord-südlich verlaufende sogenannte Kohlflügel – ist die Wasserscheide zwischen Mulde und Pleiße.

# Die Muldenvereinigung

Colditz in Richtung Norden verlassend behalten die Gleise der »Muldenthal-Eisenbahn« und Mulderadweg wie Muldental-Wanderweg ihre seit Lastau getrennten Uferseiten bei, bis zur Vereinigung beider Mulden. Die Haingasse bringt die Radfahrer stadtauswärts, unterhalb des Schlossberges fließt der Tiergartenbach in die Mulde und die Straße steigt zum Eichberg an. Von dessen bewaldetem Gipfel bietet sich ein erstes Panorama auf die sich flussab öffnende Landschaft und hinüber auf die Schönbacher Höhe.

Doch muss sich die Zwickauer Mulde noch ein letztes Mal eng einschnüren. In einer Doppelschleife schafft sie dann beim gegenüberliegenden Dörfchen Zschetzsch den Durchbruch durch das hier auslaufende Mittelsächsische Bergland und ergießt sich nun in das Sermuther Tal. Sie treibt ihrer Vereinigung mit der Freiberger Mulde zu, und es ist an der Zeit, einen großen Altvorderen, Otto Eduard Schmidt, den Verfasser der mehrbändigen »Kursächsischen Streifzüge«, die ihm den Ehrennamen eines »sächsischen Fontane« eingebracht haben, als Weggenossen entlang der Vereinigten Mulde mit einem längeren Zitat einzuführen. Er war von 1905 bis 1910 »Rektor des Königlichen Gymnasiums zu Wurzen« und Mitbegründer wie erster Vorsitzender des dortigen Geschichts- und Altertumsvereins. Der Fünfzigjährige hat diesen

Vom Eichberg auf die jenseitige Höhe der Zwickauer Mulde gesehen, wo sich Schönbach mit Kirche und Mühle zeigt

An der Brücke über die Zwickauer Mulde in Kleinsermuth mit Blick zum Schlossturm Kötteritzsch

Lebensabschnitt zu ausgedehnten Wanderungen im Muldenland und zu intensiven Geschichtsstudien genutzt. Verarbeitet finden sie sich als anschauliche Wanderbilder von der Muldenvereinigung bei Sermuth bis hin zum Eilenburger Burgberg in »Muldenländisches«, einem der schönsten Kapitel seines dichterisch schwungvollen Werkes. Otto Eduard Schmidt ist hochbetagt, 90-jährig, in der Dresdner Bombennacht zum 14. Februar 1945 umgekommen. Sein »Muldenländisches« beginnt Schmidt wie folgt:

◈ »Es gibt Stellen auf Erden, denen eine gewisse natürliche Heiligkeit anhaftet. Nicht mit Unrecht hat das Zeitalter der Romantik die schlanken, grauen, grün und golden umleuchteten Stämme des Buchenhochwaldes bei Tharandt den himmelanstrebenden Säulen einer gotischen Kirche verglichen und ›heilige Hallen‹ genannt. Auch die Orte, wo zwei Ströme zusammenfließen, um in gemeinsamem Laufe den allumfassenden Ozean zu suchen, haben etwas Weihevolles. Wer stünde nicht innerlich bewegt am ›Deutschen Eck‹ bei Koblenz, wo sich Rhein und Mosel vereinen, einem Ort, den schon die Römer durch Erbauung der Stadt ›ad confluentes‹ hervorgehoben haben. Weit bescheidener ist der Punkt, an den ich heute meine Wandergesellen in der sächsischen Heimat führen will, und doch ist er mir vor vielen anderen ehrwürdig, Groß-Sermuth, ein Dorf zwischen Colditz und Großbothen, bei dem die beiden Mulden, die Zwickauer und die Freiberger, zusammenfließen. Beide haben schon einen langen, reich gesegneten Lauf hinter sich, ehe sie zur Vereinigung schreiten. Hervorbrechend nahe am Kamm des Erzgebirges aus den Hochmooren, die sich von Schöneck bis zum Kranichsee erstrecken, aus dichten Wäldern, wo noch der Auerhahn balzt, braune Zigeuner ihr unsicheres Lager aufschlagen und der flüchtige Wilddieb dem geschwärzten Pascher verstohlene Zeichen gibt, tummelt sich die Zwickauer Mulde über goldbraunschimmernden Grund und weiße Kiesel, über rote Granaten und schwarzen Turmalin zunächst in nordöstlicher Richtung, als wollte sie auf geradem Wege die weit ostwärts davon auf böhmischem Boden (südöstlich v. Moldau [Moldava]) hervorquellende Schwester suchen. Aber gewaltige Flötze von Urtonschiefer und Gneis drängen sich zwischen die Sehnsüchtigen, und so finden sie nach vielgewundenem, manchmal dem Ziel fast abgekehrten Laufe erst weit im Norden den Vereinigungspunkt. Die Arbeit ist nicht vergeblich gewesen. Reizvolle Täler haben sich beide aus dem Gebirgsmassiv herausgenagt; an ihren Wassern sind Poch- und Hammerwerke, Mühlen und Fabriken entstanden; an lauschigen Einzelhöfen und behaglichen Dörfern, an ragenden Burgen, stillen Klöstern, ehrwürdigen Domen, gewerbfleißigen Städten ziehen sie vorüber, und wenn sie sich endlich, fast an der Schwelle des Flachlandes die Hand reichen zum ewigen Bunde, so tun sie es ernst und würdevoll, wie wenn gereifte Leute, die das Ihrige geleistet haben und wissen, was sie wollen, an den Traualtar treten. Die Landspitze, wo es geschieht, trägt das Dorf Sermuth, in dem sich der Name des Gaues

Die von der Sermuther Brücke zufließende Zwickauer Mulde vor dem Zusammenfluss

Rechte Seite:
Die Muldenvereinigung, von links strömt die Zwickauer, von rechts die Freiberger Mulde

Der »Fliegenpilz«, alter Rastpunkt an der Muldenvereinigung

Serimund (Seremode) erhalten hat. Groß-Sermuth ist ein gesegneter Winkel unseres Landes, voll höchster Gras- und Körnerfruchtbarkeit des Lößbodens an der Flussaue und voll sonnendurchglühten Obstsegens auf den sich zum Wasser absenkenden Hügellehnen.«[12]

Im Winkel des so gepriesenen Muldenzusammenflusses liegt der beidseitig überbrückte, 1337 bezeugte Weiler Kleinsermuth. Auf seiner Landspitze stand in der zweiten Hälfte des 19. Jahrhunderts ein Fähr- und Fischerhaus, von dem bei Hochwassern 1858 und 1897 nur noch der Schornstein gesehen worden sein soll; der jeweilige Inhaber hat das Überfahren über beide Mulden besorgt und Fischereirecht ausgeübt. Am weidenbestandenen Zusammenfluss bietet noch immer der »Fliegenpilz« unter einer Kastanie Unterschlupf. Nahebei ist 1962 das Pumpwerk zur Überleitung von Brauchwasser (über das Ausgleichsbecken von Schönbach) in den Bornaer Industrieraum gebaut worden. Die Wasser beider Mulden mischen sich hier, was Besucher immer wieder zur Frage verleitet, »welche Mulde fließt in welche«? Zwar hat die Zwickauer Mulde mit 167 Kilometern den eindeutig längeren Flusslauf (mit einer Wasserführung von 26,4 Kubikmetern), gleichwohl ist die um 40 Kilometer kürzere Freiberger Mulde nach der einmündenden Zschopau mit einer Wasserführung von 35,3 Kubikmetern der größere Quellfluss, weshalb Freiberger Mulde und Zschopau, als die eigentlichen »Mulden« betrachtet werden[13] (vgl. dazu S. 139 und Anm. 80). Ähnlich hat es schon über ein Jahrhundert früher Albert Schiffner gesehen, ein Dresdner Autor und Verleger, dessen »Führer im Muldenthale von des Voigtlands Höhen bis zur Vereinigung beider Mulden« 1848 in 16 Lieferungen erschienen ist. Am Ende seiner Muldenwanderung schreibt er mit einem Abschiedsblick von Schloss Kötteritzsch:

◈ »Hier bieten zu reitzenden Thalansichten mehrere Standpuncte sich dar; besonders lohnend aber ist jener überm Zusammenfluss unsrer Mulde mit der noch stärkern Freibergischen, welche zunächst (von den Erlhäusern an) aus Südosten, im Allgemeinen jedoch (von Ma[a]sch- und Podelwitz her) aus Osten in breitem, nur mäßig tiefem, freundlichem Thale herbeikommt, um (denn dieser Ausdruck ist der naturgetreue) unsere Zwickauer Mulde aufzunehmen, und dann in verdoppelter Stärke nordwärts weiter zu strömen … Hier aber reicht dem Wanderer der treu-befundene Führer die Abschiedshand mit einem herzlichen Glück-auf!«[14]

Rechtsmuldisch dehnt sich weit der Thümmlitzwald, dessen Umforstung wie die des Colditzer Forstes vom Tharandter Forstwissenschaftler Heinrich Cotta in den 1820er Jahren eingeleitet worden ist; aus 91 Prozent Laub- und 6 Prozent Nadelwald entwickelte sich bis 1912 das genau umgekehrte Verhältnis, erst die Wiederaufforstung nach 1946 erfolgte ausgewogener. Am Nordufer der Freiberger Mulde reihen sich die im Volksmund »Wasserdörfer« genannten Auenrandsiedlungen – Erlln, Maaschwitz und Tanndorf mit Bahnstation, gegenüber Podelwitz mit dem aus einer mittelalterlichen Wasserburg hervorgegangenen Renaissanceschloss (Heimatstube, alltagsgeschichtliche Sammlung Familie Knochenmuß) und dem zum Fluss hin vorgelagerten Muldenschlösschen. Zu den Besitzern des Podelwitzer Gutes gehörte seit 1687 der mit dem Reise- und Abenteuerroman »Die asiatische Banise« erfolgreiche Barockschriftsteller Heinrich Anselm von Ziegler und Klipphausen.

Wasserschloss Podelwitz mit Renaissancegiebel und großem Taubenhaus im einstigen Gutshof

Erlln, das letzte der »Wasserdörfer« an der Freiberger Mulde vor dem Zusammenfluss

Unten: Gedenkstein am Dreiflügeldeich, dem Hochwasserschutz für Erlln seit 2007

◈ Eines der Wasserdörfer ist Erlln, ein abgeschiedener Ort. »Abseits der großen Fernverkehrsstraßen liegt das letzte Dorf am Freiberger Muldenstrom eingebettet zwischen Thümmlitzwald und Freiberger Mulde, kurz bevor sich diese mit ihrem Zwickauer Schwesternstrom vereinigt. 1752 werden die ›Erlenhäuser‹ erstmals genannt. Damals bestimmten nicht nur Viehhaltung, Heu- und Grumternte den Tagesablauf, sondern mit dem Anbau von Flachs, Weben von Leinen und der Leinwandbleicherei brachten es die Erllner sogar zu einer beachtlichen Tradition im Ort. Einzige moderne Zutat ist die 1867 fertiggestellte Borsdorf-Meißner Eisenbahn. Sie schlängelt sich am grünen Saum des Thümmlitzwaldes entlang und trennt die Gärten der rechten Häuserzeile des kleinen Straßendorfes vom Wald.«[15]
Über »Die Leute im Dorf Erlln« hat es 1985 eine Ausstellung des Grimmaer Fotografen Gerhard Weber gegeben. Sieben Jahre später wurde Erlln, das Pegel-Messpunkt für die Freiberger Mulde ist (wie Colditz für die Zwickauer Mulde und Golzern für die Vereinigte Mulde), ein von der Flut nach mehrfachem Deichbruch stark betroffenes Dorf. Durch zügig errichtete Schutzdämme ist es vom Junihochwasser 2013 verschont geblieben.
Für die Freiberger Mulde sind mehrere Kahnfähren überliefert, so einst von Erlln, wo zu 1914 eine Fährfrau bezeugt ist, nach Kleinsermuth und nach Collmen, ebenso um 1878 eine von Tanndorf nach Podelwitz.
Im Jahre 1959 sind Mitstreiter der Heimatzeitschrift »Der Rundblick« mit drei Faltbooten die Mulde abwärts gefahren, von Leisnig bis Wurzen: »Wir übergeben die Boote dem Wasser, entern das Gefährt und lassen uns treiben in den Sonntagmorgen hinein. Doch wir müssen uns sputen, wollen wir am Abend in Wurzen sein ... Wir durchpaddeln gefahrlos kleine Stromschnellen. Manchmal steht nicht mal die Handbreit Wasser unterm Kiel. Dann steigen wir aus und ziehen die Boote hinter uns her, echte Wasserwanderer eben ...«.[16]

Hoch über dem Muldenwinkel liegt Schloss Kötteritzsch im Stil der Neorenaissance, im Hof abgestellt der Turmhelm.

◈ Im Juni 1976, startete abermals eine Rundblick-Mannschaft, diesmal in Maaschwitz, zu einer damals Aufsehen erregenden Floßfahrt auf der Freiberger und Vereinigten Mulde, bis zum Fährhaus Höfgen: »Das wurde zu keiner sausenden Schußfahrt auf wilden Gewässern. Dazu ist unser Heimatfluß einfach zu harmlos – bei normalem Wasserstand jedenfalls. Da und dort mußten wir das Floß mit vereinten Kräften wieder flott machen, weil es auf Sand- und Geröllbänken festsaß. Unser 6 Meter langes Gefährt sollte eigentlich sechs Personen tragen. Doch da ging es unter! Und so marschierten drei von unserer Wandermannschaft brav und geduldig neben dem Fluß, bis sie ausgetauscht wurden und an Bord gehen konnten.«[17]

Die aus dem Erzgebirge abfließende Mulde ist wegen starken Gefälles nicht schiffbar. Sie zählt »zu den wenigen Flüssen in Deutschland, die zwischen ihren Quellen und der Mündung in die Elbe einen Höhenunterschied von mehr als 1000 Meter aufzuweisen haben ... Davon entfallen allerdings 993 m auf das oberhalb der Muldevereinigung liegende Einzugsgebiet [siehe hierzu S. 139], während die 147 km lange Vereinigte Mulde mit 75 m Gesamtgefälle ... diesbezüglich weitaus weniger spektakulär ist. Die Vorwarnzeiten bei Hochwasser sind entsprechend kurz.«[18] Bei der großen Entwässerungsfläche vom Osterzgebirge bis zum Vogtland kann die Mulde »bei plötzlicher Schneeschmelze nach schneereichem Winter, aber auch bei ungewöhnlich hohen sommerlichen Niederschlägen innerhalb weniger Tage ihre Wasserführung bis auf etwa das 40-fache erhöhen.«[19] Im Unterlauf des Flusses mit seinen mäandrierenden Abschnitten um Eilenburg verbieten sich Motorboote und Schiffsverkehr, wie es ihn in bescheidenem Maße vor Grimma und Wurzen gibt, aus Gründen des Naturschutzes. Faltboot- und Schlauchbootfahrten sind von Leisnig bis Grimma möglich, über 25 Kilometer ohne jedwedes Wehr mit der Muldenvereinigung in der Mitte der Strecke, auch von Wechselburg nach Rochlitz und bis Colditz.

Zur Linken der Muldenvereinigung ragt der 1286 ersterwähnte Herrensitz Kötteritzsch auf, genauer gesagt das 1882/83 nach Plänen des Leipziger Architekten Arwed Rossbach im Stil der Neorenaissance umgebaute Schloss. Dahin führen die Muldental-Wanderwege entlang der Zwickauer und Freiberger Mulde, die bei Sermuth zusammentreffen und gemeinsam die Zwickauer Mulde überschreiten, indes der Mulderadweg die Brücke über die Freiberger Mulde zum Rande des Thümmlitzwaldes nimmt. Die nunmehr Vereinigte Mulde, die bis zur Mündung in die Elbe noch gut 120 Kilometer vor sich hat, fließt in der sich weitenden Aue zu den Kösserner Schlössern hin, zunächst lange am Thümmlitz entlang, einer 1500 Hektar großen, mit Laubgehölzen aufgeforsteten Waldung – mit Thümmlitzsee, bronzezeitlichen Hügelgräbern, verschiedensten Gedenksteinen und dem einst zum Kösserner Rittergut gehörenden Pavillon von 1820 am muldenseitigen Hang.

Zuvor werden Mulde und Radweg von der Eisenbahnstrecke Meißen–Döbeln–Leipzig, die von der Ausflugsstation Tanndorf am Thümmlitzwald herkommt, pfeilerreich überbrückt, danach läuft die Bahnfernstrecke linksmuldisch parallel zum Gleiskörper der »Muldenthal-Eisenbahn«, diesen unterquerend, auf den eins-

Blick von der ehemaligen Wassermühle vor Kössern zurück zur Eisenbahnbrücke der Strecke Döbeln–Leipzig über die Mulde

Gartenseite des barocken Jagdschlosses Kössern mit illusionistischer Fassade und Konzertsaal

tigen Bahnknoten Großbothen zu. Heute enden dort die Gleise der Muldentalbahn, seit im April 1945 die Rabensteinbrücke in Grimma gesprengt und die Gleisanlagen dieses Streckenabschnitts als Reparationsleistung demontiert worden sind.

Auf der Tanndorfer Straße führt der Mulderadweg über den Vogelberg nach Kössern hinein. Hier war bis an sein Lebensende der bereits genannte Technikprofessor Manfred Berger beheimatet, der in dem 1981 ersterschienenen Standardwerk »Die Muldenthal-Eisenbahn« deren Geschichte und Streckenverlauf in Wort und Bild festgehalten hat. Das auf der Muldenterrasse gelegene Renaissance-Herrenhaus des Rittergutes geht ins Jahr 1695 zurück, auf den kursächsischen Oberhofjägermeister Wolff Dietrich von Erdmannsdorff. Er war es auch, der Kössern das stattliche, vermutlich von Matthäus Daniel Pöppelmann entworfene barocke Jagdschloss mit illusionistischer Fassade und dem Fest-Saal 1711 geschenkt hat, dazu das Kavalierhaus gegenüber und die Sandsteinobelisken im Gutspark. Im Besitz des schriftsässigen Ritterguts Kössern folgte denen von Erdmannsdorff 1772 die Familie von Abendroth, in deren Herrschaftszeit der Bau des erwähnten Pavillons und der großen Muldenbrücke mit Zollhaus 1887–89 sowie der Umbau des Herrenhauses zum Ende des 19. Jahrhunderts fielen. Über die Brücke wechselt der Mulderadweg auf das westliche Ufer nach Kleinbothen hin.

Jüngst wiedergewonnen: großes Rittergut und Schloss Kössern mit Gartenanlagen

Nach dem Kösserner Muldebogen fließt von Förstgen her, noch vor den sogenannten Vierhäusern, der Thümmlitzbach ein. Nicht nur vor Kössern hat bis zum Bau der Muldenbrücke eine 1588 beurkundete Kahnfähre nach Leisenau/Kötteritzsch übergesetzt, sondern auch nahe der Furt zwischen Förstgen und Kleinbothen eine 1878 bezeugte Kahnfähre hinüber auf die westliche Niederterrasse der Mulde, wo eine mittelalterliche Wasserburg (Turmhügel mit umlaufendem Graben, 1181 Herrensitz »Batin« urk.) nachgewiesen ist. Das Rundlingsdorf Kleinbothen mit überlieferten Blockgewannfluren und sorbischen Flurnamen erscheint später als »Windischbatyn« (1300), die deutsche Siedlung Großbothen als »Patin Thevtunica« (1291). Solche Nachbarschaften sind Belege für die auf engstem Raum stattgefundene slawisch-deutsche Siedlungsgemeinschaft im Rodungsland östlich von Leipzig zur Mulde hin. In Kleinbothen vereinigen sich Mulderadweg und Muldental-Wanderweg wieder.

# Das Muldetal bis Grimma

◈ Der Wanderer Otto Eduard Schmidt hat sich von der Muldenvereinigung aus westlich der Mulde gehalten: »den Weg hinauf zu dem vornehmen Schlossbau von Kötteritzsch und von da – Leisenau links lassend – auf der aussichtsreichen Kante des die Mulde begleitenden Höhenzuges hinab nach Großbothen, wo sich die Leipzig–Döbeln–Dresdner Bahn mit der von Wurzen nach Glauchau führenden Muldentalbahn kreuzt«.[19] Die Eisenbahnanschlüsse von 1866 und 1877 haben an den Großbothener Hängen um die vorletzte Jahrhundertwende eine Leipziger Wochenendsiedlung entstehen lassen, so auch den Zuzug bedeutender Lehrstuhlinhaber wie des Physikochemikers Wilhelm Ostwald (1901, Grimmaer Str. 25) und des experimentellen Psychologen Wilhelm Wundt (1919, Grimmaer Str. 28) nach Großbothen bewirkt. Ostwalds Landsitz »Energie« ist heute Archiv und museal zugänglich, mit lohnenswerten Einblicken in das Lebenswerk und familiäre Umfeld des Nobelpreisträgers und Farbenforschers, den das Muldetal immer wieder auch zum Malen inspiriert hat (Grabstätte der Familie Ostwald im Steinbruch des weitläufigen Parks).[20]

Wegekreuz im Ort und Gasthof Kleinbothen

Ab Ortsausgang Kleinbothen, am dortigen »Muldenbad«, nutzen Mulderad- und -Wanderweg den Damm der einstigen Muldentalbahn nach Schaddel entlang dem gleichnamigen Graben, auch als Mühlgraben bzw. Weißbach bezeichnet, und weiter bis Nimbschen. Ins Blickfeld geraten vor dem rechtsmuldischen Müncherholz die sogenannten Steinklippen, eine vom Fluss überspülte Porphyrrippe

»Haus Energie«, Wilhelm Ostwalds Wohn- und Arbeitssitz in Großbothen

am Prallhang, wo erst Mitte der 1970er Jahre eine Muldeninsel entstanden ist, auf der Eisvogel und Graureiher heimisch wurden. Dann biegt der Fluss westwärts ein und fließt auf den Nimbschener Wald (Klosterholz) zu. Zur Linken lagert das 1297 erstgenannte Sackgassendorf Schaddel auf der Muldenterrasse, unten am Mühlgraben die Schaddelmühle, ein 1550 beurkundetes Mühlengrundstück, in dem Mitte der 1970er Jahre eine Künstlergemeinschaft zu töpfern begann. Wo der Graben in die Mulde fließt, liegt über dem alten Bahnkörper auf einem Geländesporn der Große Schaddelwall, eine dreiteilige bronzezeitliche Wallanlage.

Der an der Mulde verlaufende Weg bietet seltenen Tüpfelfarn sowie Fraßspuren des Elbebibers und »Gemeineres« wie das eingeschleppte, bis zwei Meter hohe, rotblühende Drüsige oder Indische Springkraut, das inzwischen vielerorts am Muldelauf den für die Uferbefestigung wichtigen heimischen Wildwuchs überwuchert.

Die Ortslage Höfgen taucht rechtsmuldisch auf, auch das Fährhaus aus den 1830er Jahren (1928 aufgestockt) unter mächtiger Hauslinde, mit Hochwassermarken auf der Hauswand. Seit 1638 ist die Klosterfähre oder »Nimbschner Kahn« genannte Höfgener Fähre bezeugt, die ab den 1960er Jahren über Jahrzehnte hin von der legendären Fährfrau Brigitte Müller zur jenseitigen Fähreiche am Seil hinübergeleitet wurde. Die Kahnfähre vermittelt zwischen

Das rechtsmuldisch um den Kirchberg gelagerte Höfgen, »Dorf der Sinne«

der 1275 erstgenannten Gehöftgruppe Höfgen und dem linksmuldischen Zisterzienserinnenkloster und späteren Landesschulgut Nimbschen. Hier sind es ein alter Komplex von Wassermühle und Gaststätte (Mühlenmuseum mit oberschlächtigem Wasserrad, technische Schauanlage), auf dem anderen Flussufer die Klosterruine Nimbschen. Höfgens Dorfanlage zeichnet sich durch den Kirchberg umgebende Gehöfte aus, die sich mit ihren Rückfronten gegen die Muldewiesen verschließen. Auf einer Porphyranhöhe steht der kleine romanische, spätgotisch veränderte, gegen Ende des 17. Jahrhunderts einheitlich ausgestattete Kirchenbau. »Das Pfarrhaus zu Howe oder Der feurige Dornbusch« ist Buchtitel einer jener beschaulichen Volkserzählungen, die im Höfgener (»Hower«) Pfarrhaus und nahen Grimma (»Linda«) an der Mulde (»Sentze«) und am Tannickenbach (»Tannenbach«) spielt. Hier ein Auszug:

Rad- und Wanderweg auf dem alten Bahndamm von Kleinbothen nach Schaddel

◈ »Unter einer mächtigen Eiche, die ihre kahlen Äste weit über die Sentze streckte, wartete Dornbusch auf die Fähre, die ihn nach Howe übersetzen sollte. Am uralten Stamme der Eiche war das Fährseil befestigt, das über den Fluß gespannt war, bis zu der Linde, die drüben am anderen Ufer neben dem Fährhause stand. Von jenseits der stark strömenden Sentze, die Hochwasser führte, schaute das Fährhaus herüber, das Erdgeschoß stark gemauert und weiß getüncht, mit dem vorgebauten Eisbock an der Prallseite wehrhaft aussehend, das obere Stockwerk braun gefächert aus Balken und Lehmwand, das Ziegeldach wie ein Wetterhelm darübergestülpt. Und rechts neben dem Fährhaus erhob sich die gewaltige Linde, die das andere Ende des Fährseils trug ... Vor den Höfen und Häusern des Dorfes [Howe/Höfgen] breiteten sich Gärten mit alten Apfelbäumen aus,

vom Winde gebeugt und knorrig, die Stämme von der feuchten Luft des Flußtales mit Moos grün angelaufen. Über das Gewirre der schwarzgrünen Stämme und Äste lugten das braunrote Gedächer der Höfe ... und die alte Wehrkirche hervor, auf ihrem Hügel stehend wie ein vom Alter gebeugter Ritter unter einer verwetterten Sturmhaube. Das unebene Satteldach, der kurze stumpfe Turm, das alte Mauerwerk der Kirche war ebenso mittelalterlich angebräunt wie das ganze Dorf, und man hätte denken können, hier schlafe alles den schweren Schlaf alter dunkler Jahrhunderte.«[21]

Fährhaus Höfgen mit einer Fotoausstellung

Oberschlächtige Wassermühle (oben) und Schiffsmühle (unten, Nachbau) auf der Mulde mit gleichnamigen Höfgener Gaststätten

Ein seltenes Muldebild, Schiffsverkehr auf dem Fluss, hier zwischen Höfgen / Nimbschen und Grimma

Noch zu Höfgen gehört ein sommers über durch die Muldeschifffahrt von Grimma her erreichbarer Ausflugspunkt am Ostufer, dem die dort in historischer Rekonstruktion wieder auf dem Fluss liegende intakte Schiffmühle ihren Namen gegeben hat; ihr museales Vorbild, die letzterhaltene Schiffmühle in Deutschland, ruht im Museumsgarten der Burg Düben. Die landeinwärts, den Tannickenbach aufwärts gelegene Denkmalschmiede in Kaditzsch, ein Vierseithof aus dem 17./18. Jahrhundert, hat Anfang der 1990er Jahre den Wiederaufbau der Höfgener Schiffmühle innerhalb eines Gesamtprojekts mit Jutta-Park und Aussichtsturm auf dem östlichen Muldenhang betrieben.

Auf dem Westufer der Mulde folgt eine jener historischen Stätten, wie sie vor 1800 die Romantik in Verehrung des Mittelalters entdeckte. »Das Zisterzienserinnenkloster Marienthron«, schreibt O. E. Schmidt, »das etwa 1291 aus dem nahen Grimma hierher verlegt wurde, ist größtenteils vom Erdboden verschwunden«.

◈ »Nur ein etwa dreißig Meter langes Wohngebäude steht noch als Ruine aufrecht, vielbesucht wegen seiner malerischen Reize und wegen der Erinnerung an Luthers Ehefrau Katharina von Bora ... Ihre schlichte, kräftige Gestalt, die dem stürmischen und doch so kindlich weichen Gottesstreiter das ruhige Glück und den Frieden der Ehe bescherte, die durch ihn und mit ihm als Begründerin des deutsch-evangelischen Pfarrhauses der Welt unendlichen Segen gebracht hat, begleitet uns hier auf Schritt und Tritt. Wir sehen das dürftige Mägdlein aus Lippendorf bei Borna, wo ihre Eltern ein wenig einträgliches Gut besaßen, mit einer Aussteuer von dreißig Groschen in den Frieden des Klosters eintreten, das damals (1510) längst zu einer Versorgungsanstalt der unverheirateten Töchter des osterländischen und pleißenländischen Adels geworden war. Niemand von ihrer Familie hat sich weiter um sie gekümmert. Mit sechzehn Jahren nahm sie den Schleier. Aber sie wurde keine Betschwester, sondern blieb auch im Kloster das natürliche Weib, das an den wirtschaftlichen Geschäften regen Anteil nahm. So waren ihr die gottesdienstlichen Übungen Stunden der Erholung und der Sammlung nach körperlicher Arbeit. Trotzdem wurde durch Luthers Schrift ›Von den geistlichen und Klostergelübden‹, die im Frühjahr 1522 nach Nimbschen drang, auch in ihr die Sehnsucht nach einem Weltleben geweckt ... Sie gehörte zu jenen neun Bernhardinerinnen [nach Bernhard von Clairvaux genannt, den Gründer des Zisterzienserordens 1115], die dem Wittenberger Reformator mit der dringenden Bitte um Befreiung den Kopf warm machten. Endlich um Ostern 1523 fand Luther die Gelegenheit, seine Schützlinge durch den Torgauer Ratsherrn Leonhard Koppe auf einem bedeckten Wagen aus Nimbschen nach Wittenberg entführen zu lassen ...«[22]

Hotel-/Gaststätte Kloster Nimbschen

Klosterruine Nimbschen, der östliche Kreuzgang-Flügel des vormaligen Zisterzienserinnenklosters Marienthron

Zu beiden Seiten des Flusses führen nun Wanderwege nach Grimma hinein, zur Linken der Mulderadweg auf dem neben der Nimbschener Landstraße verlaufenden alten Damm der Muldentalbahn. Der Muldental-Wanderweg hält sich am Nimbschener Waldrand vorbei an der »Königsnase«, dann wie der Radweg auf der Colditzer Straße und auf dem Colditzer Weg zur Hängebrücke und Schiffsanlegestelle, wo die Motorschiffe »Katharina von Bora« und »Gattersburg« nach Höfgen/Nimbschen ablegen. Letztere wurde nach der auf hohem Fels gelegenen Fabrikantenvilla in Grimma benannt. Wer von Höfgen her am Ostufer bleibt, läuft durch Muldewiesen auf den Rabenstein zu, einen bräunlichen Quarzporphyrfelsen, der Sagenplatz (»Roßtrappe«) und Aussichtspunkt in einem ist. Unter der 2013 flutzerstörten, 2015 wiedereröffneten Hängeseilbrücke von 1924, der mit 80 Metern Spannbreite längsten in Sachsen, tritt die Mulde in die Stadtflur Grimmas ein. Nur die Muldentalbahn, die hier einst vom Westufer zum Stadtwald hinüberwechselte, gibt es seit Sprengung der Rabensteinbrücke im April 1945 nicht mehr; ihre Gleise zwischen Großbothen und dem Grimmaer Unteren Bahnhof sind zu Reparationszwecken abgebaut worden. Der erwähnte Bahndamm und die östliche Uferpromenade im Stadtwald zeigen noch ihren ehemaligen Verlauf an.

Der Floßplatz und das Muldenwehr, wohin der Mulderadweg zunächst führt, erinnern daran, dass der Grimmaer Rat ein vom Kloster St. Marienthron zu Nimbschen übernommenes, seit 1275 bezeugtes Stapelrecht für alles auf der Mulde geflößte Holz hatte, selbst Leipziger Holzhändler noch bis 1863 bediente. Hier hat es – anknüpfend an die wohl wichtige frühe Furt hinüber zum Langen Grund im Stadtwald, durch welchen der Verkehr Anschluss zur Höhe der Leisniger Straße gewann – eine von zeitweise drei Kahnfähren gegeben. An die zweite, nach der Großmühle gelegene erinnern noch das Fährtor und am Ostufer der Fährgrund im Stadtwald. Die Mulde strömt hier am schmalen Grünstreifen unter Grimmas hoher Stadtmauer entlang, der sie wie der ganzen auf einer Muldeinsel liegenden Stadt mit Hochwasser und Eisgang so oft zugesetzt hat, geradezu existenziell in den Jahren 2002 und 2013. Am Fährtor hinter dem flutzerstörten palastartigen Manufakturbau der Großmühle, einer der ältesten in Deutschland (Wasserstände an der Ruinenecke), ist nachvollziehbar, wie einst Sperrbalken gegen das andringende Wasser eingesetzt worden sind. Inzwischen ist vor der alten Stadtmauer eine tiefgegründete freistehende Hochwasserschutzmauer zur Abwehr der Muldefluten gewachsen.

Die unter der Hängebrücke nach Grimma einfließende Mulde im Winter 2017, Blick zu Wehr und Großmühle

◈ Die Stadt war der Endpunkt einer regen Flößerei aus der Zschopau und über den Unterlauf der Freiberger Mulde. Die Flößer waren verpflichtet, sämtliche aufs Wasser gebrachte Ware bis vor das Wehr der Mühle zu Grimma anzuflößen und unterwegs nichts zu verkaufen. Das Floßholz wurde auf Veranlassung der Floßherren im Winter in den Wäldern des Erzgebirges geschlagen, dann zu den Brettmühlen am Fluß ›gerückt‹ und was dort bis zum Frühjahr nicht verarbeitet werden konnte, gelangte als Langholz zur Flößerei. »Die so vorbereiteten Flöße und Bollwerke [meist 22 Langholzstämme neben- und übereinander gelegt] wurden nach dem Eisaufbruch zu Wasser gelassen und unter Nutzung der höheren Wasserstände infolge der Schneeschmelze abgeflößt. Vom Erzgebirge bis nach Grimma wurden 4 bis 8 Tage benötigt, für die Besatzung eines Floßes 4 bis 6, für ein Bollwerk 7 bis 9 Mann. Nach der Ankunft in Grimma mussten die Besatzungen zu Fuß den Heimweg in ihre erzgebirgischen Dörfer antreten.«[23]

In der beurkundeten Geschichte ist nach Angaben des Chronisten Christian Gottlob Lorenz »am 20. Juni 1573 das größte Hochwasser im Muldengebiet abgelaufen ... stand das Wasser mehr als drei Ellen [von der Länge des Unterarms abgeleitet, meist um 0,5 m]

Anlegestelle der Muldeschifffahrt in Grimma, unweit der Hängebrücke mit Brückeneinnehmerhäuschen und dem Floßplatz unterhalb der Gattersburg

über dem Grimmaer Marktplatz und eine halbe Elle über den Altären der Nicolai- und Klosterkirche«. In seiner Chronik liefert er die mit Abstand meisten Hochwasserbelege, was erklärlich ist, denn: »Das Einzugsgebiet der Mulde ist im Oberlauf mit den Flusssystemen der Zwickauer Mulde, Zschopau und Freiberger Mulde durch ein großes fächerförmiges Gebiet an der Nordabdachung des Erzgebirges gekennzeichnet ... Bei Sermuth strömen dann die Wassermassen trichterförmig in ein Engtal, das erst bei Wurzen in das Tiefland ausmündet. Von Sermuth bis zur Mündung in die Elbe besteht das Mulde-Einzugsgebiet nur aus einem relativ schmalen Streifen beiderseits des Flusses. Durch diese besondere Form des Einzugsgebietes der Mulde haben Hochwasser im Mittellauf, also in der Vereinigten Mulde, häufig katastrophale Ausmaße.«[24]

Eines von den der Grimmaer Stadtmauer aufsitzenden Gartenhäuschen gehörte dem aus Leipzig »ausgewiesenen« Schriftsteller und Publizisten Ferdinand Stolle, der hier ab 1844 das Wochenblatt »Der Dorfbarbier« herausgegeben hat, später dann mit dem Leipziger Verleger Alexander Keil die erfolgreichste deutsche Familienzeitschrift »Die Gartenlaube« betrieb. Stolle hat Grimmas biedermeierliches Antlitz in »Deutsche Pickwickier. Komischer Roman in den Jahren 1830–32« abgespiegelt und der Stadt kauzi-

»Canaletto«-Blick – Grimma mit seinen Stadtmauer-Häuschen um 2000, links der Stolle-Pavillon

ge Figuren geschenkt. In dem fiktiven »Neukirchen an der Werla« (Grimma an der Mulde) geben sich die provinziellen Züge Grimmas in dieser Zeit zu erkennen:

◈ »Denke Dir, mein Leser, ein anmuthiges Thal, in ländlicher Stille gelegen, rings im Umkreise einer Stunde von dunkelgrünen Waldbergen umgeben, die korn- und obstreiche Thalebene von einem blauen Flüßchen durchschnitten, das gerade groß genug, einen Fischerkahn zu tragen und einige Mühlen zu treiben, und dessen Wellen ruhig zwischen schattigen Ufern dahinfließen ... Die Lage der Stadt kann nicht angenehmer in die Augen fallen. Die südliche Seite grenzt mit ihren Gärten fast unmittelbar an die Werla, nur ein schmaler Wiesenrand trennt sie von derselben; während die nördliche Hälfte malerisch am Fuße des Burgberges sich hinzieht.« Stolle hat Grimma aber auch jene liebevollen Zeilen gewidmet, die sein Denkmal auf dem Höhenweg im rechtsmuldischen Stadtwald zieren: »Im Thale, wo die Mulde fließt, da liegt ein Städtchen fein ...«.[25]

Kartografen, Vedutenzeichner und Kupferstecher wie Wilhelm Dilich, Matthäus Merian und Johann Friedrich Boetius haben den malerischen Prospekt der Stadt am Fluss mit Schloss und Brücke geboten. Letztere ist dabei seit Pöppelmanns großem Neubau der Muldebrücke beherrschend ins Sichtfeld der Landschaftsmaler geraten, mit dem »Canaletto«-Blick auf Stadtmauer und Grimmas

Silhouette. Auch in weiträumige Natur eingebettet erscheint die Stadt, so in den Aquatinta-Blättern »Grimma gegen Morgen« und »Grimma gegen Mitternacht« von Friedrich Harnisch.[26]

Der untere Weg im Stadtwald ist die Uferpromenade auf dem ausgebauten Damm der Muldentalbahn mit dem bekannten Blick auf die Muldefront der Stadt. Dort folgen entlang der Mulde aufeinander die Superintendentur, das Heimatmuseum der Stadt, die Klosterkirche der Augustinermönche, der mächtige Gymnasiumsbau vom Ende des 19. Jahrhunderts für die ehrwürdige Grimmaer Landes- und Fürstenschule St. Augustin, schließlich Schloss und Brücken. Aus der Landesschule gingen u. a. der Naturrechtsphilosoph Samuel Pufendorf (hier 1645–50) und der evangelische Theologe Paul Gerhardt (hier 1622–27) hervor, einer der bedeutendsten deutschsprachigen Kirchenlieddichter (Advents-, Weihnachts-, Passions-, Trost-, Sommer- und Abendlieder wie »Befiehl du deine Wege«, »Geh aus mein Herz und suche Freud«, »Nun ruhen alle Wälder«).

Im Keller der Superintendentur konnte die Elisabethkapelle des ersten Konvents der von Torgau über Grimma nach Nimbschen ziehenden Zisterzienserinnen in den 1990er Jahren ergraben und rekonstruiert werden. Das Heimatmuseum wurde 1997 neu eröffnet, die Klosterkirche nach dem 1989 eingebrochenen Dachstuhl wieder kultureller Nutzung zugeführt und im Gymnasium St. Augustin Anschluss an die DDR-zeitlich unterbrochene Tradition 450-jähriger humanistischer Bildung gesucht. In Blickweite spannen sich die beiden Muldebrücken über den Fluss, zunächst die beim Schloss (ehemals Pöppelmannbrücke), wo bereits zu 1292 eine hölzerne Muldebrücke bezeugt ist, dahinter die zur Verkehrsentlastung 1996 eröffnete Neue Muldebrücke.

Für die meißnischen Markgrafen als Landesherren war dieser geschützte Muldeübergang eine lebenswichtige Verbindung hin nach Leipzig, wurde doch die nahe Klingenfurt Richtung Böhlen durch die Döbener Reichsburggrafen beherrscht und die weiter nördlich folgenden Flussübergänge bei Nerchau und Wurzen wie Püchau lagen in der Hand des Magdeburger Erzbistums (Nerchau ab 1231 beim Naumburger Bistum) bzw. der meißnischen Bischöfe. Die wasserbefestigte Niederungsburg Grimma geht wohl auf den Wettiner Markgrafen Otto den Reichen zurück, eine indirekte Beurkundung hat sie zu 1200 erfahren. Spätromanische Teile wie das durch zierliche Säulen gegliederte große Rundbogenfenster an der Nordfront des Ostflügels und das Kornhaus sind in den zwei-

Das freistehende Rathaus auf dem Grimmaer Markt mit seinem dominanten Renissancegiebel und gewaltigen Dachraum, mit Freitreppe und Eva-Brunnen

flügligen Schlossbau des ausgehenden 14. Jahrhunderts übernommen worden. Nach 1500 hat man die Schlossanlage umgestaltet, dem Nordgiebel das Blendmaßwerk und dem Kornhaus spätgotische Vorhangbogenfenster gegeben. Bauherren waren noch immer die wettinischen Landesherren, die den Platz ab 1288 bis zur Mitte des 16. Jahrhunderts zu Fürsten- und Landtagen nutzten, im 15. Jahrhundert gar als Nebenresidenz. Hier im Schloss (nach Sanierung 2013 Justiz-Zentrum) ist im Jahre 1443 Herzog Albrecht der Beherzte geboren worden, der Stammvater der albertinischen Linie des Hauses Wettin.

Grimma selbst aber, die Bürgerstadt aus der Mitte des 13. Jahrhunderts zwischen der um diese Zeit erbauten Frauenkirche mit mächtigem spätromanischem Westwerk (über 40 Meter hoch) und ihrem freistehenden Renaissance-Rathaus auf dem Markt, kam mit der sogenannten Leipziger Hauptteilung des wettinischen Hauses von 1485 ans ernestinische Kurfürstentum. Ihr mittelalterlicher wirtschaftlicher Aufschwung flachte ab, gleichwohl Kurfürst Moritz ihr 1550 die dritte sächsische Landesschule bescherte und Grimma zu diesem Zeitpunkt mit 2000 Einwohnern noch eine der großen kursächsischen Städte war. Kein Geringerer als Philipp Melanchthon hat damals befunden: »In ganz Meißen möchte ich in keiner Stadt lieber leben als in Grimma«. Wichtigster Chronist der Stadt ist der schon genannte Magister Christian Gottlob Lorenz geworden, der in den 1860er Jahren das »Urkundenbuch der Stadt

Grimma und des Klosters Nimbschen« vorlegte sowie eine bis heute unübertroffene »Geschichte der Stadt Grimma im Königreich Sachsen, historisch beschrieben«.

Noch einmal erinnerten sich die Wettiner der Muldestadt, als ihr Zwingerbaumeister Matthäus Daniel Pöppelmann hier seinen lange einzig erhalten gebliebenen ingenieurtechnischen Bau in den Jahren 1716–19 ausführen ließ: die Große Muldenbrücke beim Schloss. Anstelle der von den Schweden 1632 gründlich zerstörten Brücke schuf er eine mehrbogige Steinbrücke mit einem hölzernen überdachten Mittelstück, das im Kriegsfalle abgebrannt werden konnte, zuletzt im Mai 1813 durch die Preußen geschehen. Der Wappenstein der 1945 abermals zerstörten Brücke mit seiner Huldigung für den Kurfürstkönig Friedrich August I. stammt von 1724. Die Jahrhundertflut im August 2002 hat die Brücke überströmt und zwei ihrer Pfeiler unterspült, was zu ihrem Teileinsturz und bis 2012 zu einem vereinfachten Wiederaufbau für Fußgänger und Radfahrer geführt hat.

◈ Der Tagesbericht zum 13. August 2002 in »Grimma. Flutbilder – Bilderflut« lautet: »Jeden Augenblick musste die Flut die Altstadt von Grimma erreichen. Die Geschwindigkeit war unvorstellbar. Gegen 3.30 Uhr

Die Grimmaer Pöppelmann-Brücke in ihrem vereinfachten Wiederaufbau nach den Muldefluten von 2002 und 2013, dahinter Schloss und ehemalige Landesschule, das Gymnasium St. Augustin; links der Wappenstein auf der Brücke beim Schloss

kontrollierte eine Mitarbeiterin des Hochwasserstabes das Stadthaus und die Galerie am Rathaus. Deren Keller waren zu dieser Zeit noch trocken. Kurz nach 4 Uhr standen sowohl der Markt als auch der Nicolaiplatz unter Wasser ... Die Flutwelle erreichte Grimma gegen 6 Uhr. Zu dieser Zeit wurde in Golzern ein Wasserstand von 6,23 Meter und damit etwa der Höchststand von 1974 gemessen. Mit vier bis sechs Metern pro Sekunde war die Strömung in den Grimmaer Straßen so stark und die Flut derart hoch, dass die Rettung der noch eingeschlossenen Bewohner mit Schlauchbooten der Feuerwehr und der Wasserwacht höchst riskant wurde. Der Katastrophenschutzstab orderte nun die Luftrettung der Bundeswehr, die gegen halb neun Uhr in Grimma eintraf. Unterdessen stieg das Wasser weiter. Um 7.30 Uhr wurden in Golzern 7,05 Meter mit steigender Tendenz gemessen. Als der Pegel um 9.50 Uhr eine Höhe von 7,65 Meter erreicht hatte, begann das Wasser der Mulde über die seitlichen Bögen der Pöppelmannbrücke zu fließen. Gegen 11 Uhr stand das Wasser auf dem Marktplatz zwei Meter hoch ... Gegen 12 Uhr traf eine unbestätigte Meldung beim Katastrophenschutzstab ein, dass die Mauer der Talsperre Kriebstein gerissen, der Staudamm geöffnet worden und in etwa sechs Stunden eine zweite Flutwelle zu erwarten sei. Drei Stunden schwebte die Anzeige in den Räumen des Krisenstabes, ehe die erlösende Mitteilung kam: Kriebstein ist gerettet. Um 16 Uhr wurde in Golzern ein Pegel von 8,34 Meter gemessen, damit war der Scheitelpunkt aber noch nicht erreicht. Der lag um 20 Uhr bei 8,68 Meter.«[27]

Grimma am 13. August 2002 in der Muldeflut

Zu dem von Grimma auf dem Westufer der Mulde verlaufenden Radweg ist 2004 am Ostufer vom ehemaligen Unteren Bahnhof Grimma her auf dem alten Bahndamm nach Wurzen der »Muldentalbahn-Radweg« hinzugekommen,[28] eine gut ausgebaute Rad- und Skater-Strecke, die inzwischen der Mulderadweg als Hauptroute nutzt. Östlich des Flusses bleibt in größerem Bogen auch der Muldental-Wanderweg, der im Grimmaer Stadtwald zur frühgotischen Kapelle des um 1240 gegründeten Georgenhospitals hinauf führt. Von da geht es den schattigen Schlangengrund am gleichnamigen Bach hinab zum Fuß des Galgenberges, dann auf dessen Höhe (194 Meter) und weiter über die Meisensprüh, so benannt nach den hier bis ins 19. Jahrhundert hinein gefangenen Singvögeln (damals als »Delikatesse« geltend), und nach Döben.[29] Erst über die Golzerner Muldebrücke können Wanderer und Radfahrer wieder auf das Westufer und zur alternativen Wegführung nach Bahren wechseln, indessen die nunmehrige Hauptroute des Mulderadweges weiterhin östlich des Flusses nach Nerchau und Trebsen-Neichen führt.

# Zum Burgberg Döben

Ausgangs Grimma fließt die Mulde am Burgberg, auch Tempelberg genannt (mit »Schöner Aussicht«, slawenzeitlicher Abschnittsbefestigung und mittelalterlicher Turmhügelburg), an der »Grundmühle«, den Böhlschen Wiesen und der »Neumühle« vorbei. Das auf David Döring zurückgehende Böhlener Herrenhaus ist 1949 abgetragen worden (Tor- und Turmhaus erhalten). Der von Kurfürst Johann Georg I. 1618 bestallte bürgerliche Kammerrat und Schuldenkommissar, 1630 vom Kaiser 1630 geadelte Döring war ein kurfürstlicher Günstling und früher Güterspekulant, vom sächsischen Adel prozessual vergeblich angefochten. Für Böhlen ist ein früher Flussübergang des 10./11. Jahrhunderts gesichert, die erwähnte Klingenfurt. Hier querte eine nach Böhmen führende Hallische Salzstraße die Mulde; später hat es flussab vor Böhlen eine Kahnfähre nach Dorna gegeben (1867 die »Bärsche Fähre« genannt).

Den Seumepark hangaufwärts liegt das Hohnstädter Göschenhaus, eine museale Stätte deutscher Literatur. Der Klassikerverleger Georg Joachim Göschen hat sich dort 1795 angesiedelt, Druckerei und Verlag 1797 aus Leipzig nach Grimma verlegt und Johann Gottfried Seume als Korrektor beschäftigt. Der Dichter und Weltenbummler ist von Hohnstädt im Jahre 1801 zu seinem litera-

Erhaltenes Torhaus Böhlen vom Rittergut und abgebrochenen Herrenhaus

Göschenhaus, Freundschafts-Pavillon im Park

turgewordenen »Spaziergang nach Syrakus« aufgebrochen: »Ich schnallte in Grimma meinen Tornister, und wir gingen. Eine Karawane guter, gemütlicher Leutchen gaben uns das Geleite bis über die Berge des Muldetales ... Nun sah ich zurück auf die schöne Gegend ... Dort stand Hohnstädt mit seinen schönen Gruppen, und am Abhange zeigte sich Göschens herrliche Siedelei.«[30] Göschen ist 1828 hier verstorben, der Verlag bald erloschen.

◈ Die Geschichte des Göschenhauses drängt, auch einer Frau zu gedenken, die jahrzehntlang als Heimatforscherin und Denkmalpflegerin Stadt und Umland von Grimma geprägt hat: Renate Sturm-Francke († 1979), die nach ihrem Lebensweg befragt, antwortete: »Wie ich nach Hohnstädt gekommen bin? Ursprünglich hatten wir das Göschenhaus 1934 als ruhigen Landaufenthalt erworben. Meinen Mann reizte der große Park, mich dagegen mehr die Geschichte des Hauses. Unter den zahlreichen Bewerbern war die Wahl der Göschenschen Erben letztlich auf mich gefallen, nachdem sie sich von mir durch das Grimmaer Museum hatten führen lassen. 1950 baute ich im Auftrag der Abteilung Kultur beim Kreisrat Grimma zunächst eine – damals sehr in Mode gekommene – Heimatstube auf, die auch rege besucht wurde. Bis zum Jahre 1954 erfolgte die zielstrebige Umgestaltung zur Göschen-Gedenkstätte. 1967 habe ich, da ich die Arbeit nicht mehr allein schaffen konnte, das Göschenhaus als Gedenkstätte für Schiller, Seume, Vater und Sohn Körner als Stiftung den Nationalen Forschungs- und Gedenkstätten der klassischen deutschen Literatur in Weimar übergeben. Seitdem bin ich dort als Kustos angestellt.«[31]

Blick vom Mulderadweg zur jenseitigen Grundmühle und zu den Böhlschen Wiesen

Göschenhaus in Grimma-Hohnstädt, Literaturmuseum, Gartenseite

Zwischen Grimma und Döben beschreibt die Mulde wohl ihren größten Bogen, schließlich eine enge Schleife, in die sich die Wochenend-Kolonie »Loreley« schmiegt. Am jenseitigen Südufer der Mulde steigen die schroffen Wände des »Zettengebirges« auf, das dem mit Doppelgräben und -wällen gesicherten größten Viereckwall Sachsens seinen Namen gegeben hat. Dieser vor- und frühgeschichtliche Platz (mit bronze- und slawenzeitlichen Funden) umschließt eine Siedlungsfläche von den Maßen der Grimmaer Altstadt. Unweit vom Zettenwall erhebt sich die »Feueresse«, eine geschwärzte Quarzporphyrsäule, 50 Meter über dem Fluss. Der Blick auf den Muldebogen ist von dort wie vom Schlossplatz Döben überwältigend, sodass der Abzweig vom Mulderadweg mit kräftigem Anstieg hinauf nach Döben überaus lohnt.

Was die Lithografie im »Album der Rittergüter und Schlösser im Königreiche Sachsen« zur Mitte des 19. Jahrhunderts an aufragenden Mauern zeigt, ist nicht das versunkene Schloss des Muldennix unterhalb Döbens, von dem Sachsens Sagensammler Johann Georg Theodor Gräße, 1814 in Grimma geboren, erzählt.[32] Es ist der Vorgänger des vom Oberlandbaumeister Moritz Haenel nach dem Brand 1857 für die Herren von Böhlau umgebauten Schlosses. Von dem trotz Kriegsbeschädigung intakt gebliebenen Hauptbau steht nach mehrfachen Sprengungen, zuletzt 1972, nichts mehr.

Der Felssporn über der Muldenschleife hat wohl einen deutschen Burgwardsitz des 10./11. Jahrhunderts getragen. Jedenfalls ist der 1046 zusammen mit Colditz, Leisnig, Polkenberg und Rochlitz genannte Burgward »Grobi« mit Döben identifiziert wor-

Über dem großen Muldebogen liegt Döben mit Kirche und Schlossplatz.

den. Zu 1117 heißt es, der jüngere Wiprecht von Groitzsch habe Burg Döben mit 24 umliegenden kleinen befestigten Herrensitzen erobert. In der aufkommenden Burggrafschaftsverfassung des späten 12. Jahrhunderts fiel dem Döbener Platz wieder Reichsbedeutung zu. Im kaiserlichen Auftrag schützten die Burggrafen von Döben die schon genannte älteste Muldenfurt, die Klingenfurt bei Böhlen. Auf dem Döbener Burgberg setzte der ältere Markgrafensohn Albrecht seinen Vater Otto den Reichen 1188 gefangen und ließ ihn erst auf Befehl Kaiser Barbarossas wieder frei. Kurz zuvor, zu 1181, ist der Edelfreie »Conradus de Dewin« bezeugt worden, 1198 dann das aus dem Pleißenländischen stammende burggräfliche Geschlecht der Erkenbertinger oder Starkenberger.

Schlossbereich Döben, Kellergewölbe und Malzhaus, wiederbelebt durch Freundeskreis »Dorf und Schloss Döben e.V.« und Familie von Below

Im hangaufwärts folgenden Gelände von Burg und Wirtschaftshof hat sich eine Stadtanlage des späten 12. Jahrhunderts entwickelt, die nach Grimmas Aufstieg und dem Übergang der Burggrafschaft an die Wettiner Anfang des 14. Jahrhunderts an die Burggrafen von Leisnig wieder verfiel. Doch noch zu 1551 und 1664 wurde Döben »Städtlein« genannt. Damals, im späten 16. Jahrhundert, gelangte das mit drei Ritterpferden (einem militärischen Lehnsaufgebot, späterer Finanzleistung) belastete, die Nieder- und Hochgerichtsbarkeit über zwölf Dörfer ausübende schriftsässige Rittergut aus dem Besitz derer von Maltitz an die von Schönfeld. Letztere sind als kniende Stifterfiguren im Hauptfeld des Spätrenaissance-Altars von 1591 in der Dorfkirche verewigt. In dem hochgelegenen, im Kern romanischen, gotisch überbauten, frühbarock ausgemalten Gotteshaus findet sich das aus Rochlitzer Porphyr noch roh gearbeitete figürliche Grabdenkmal eines Ritters mit Schwert und Schild aus dem frühen 13. Jahrhundert. Durch die Wirren des Dreißigjährigen Krieges fiel die Grundherrschaft Döben an den sächsischen General von Arnheim, durch Heirat dann an das aus Norddeutschland kommende Geschlecht derer von Below/Böhlau. Diese waren als alter, zu Anfang des 18. Jahrhunderts über acht Generationen hin nachweisbarer Adel hoffähig und besaßen standesgemäß auch ein Freihaus am Grimmaer Markt. In Ferdinand Stolles Roman »Deutsche Pickwickier« haben sie mit Eingang gefunden.

Schloss Döben über der Mulde, Lithografie um 1850 (Ausschnitt)

Den Döbener Burgberg rühmte Stolle wegen seiner Aussicht »Luginsland« (Pavillon) als schönsten in Sachsen. Der Ort Döben wie auch das Naturschutzgebiet »Döbener Wald« sind ein lohnen-

»Lug ins Land«, Pavillon und gerühmter Ausblick vom Schlossplatz Döben

des Ziel. Muldeabwärts folgt das Golzerner Wehr als Stau für die hier 1838 mit der Papiermühle Golzern wie damals vielerorts im Muldental ansässig gewordene Papierindustrie. Aus ihr ging die Schrödersche Papierfabrik hervor, und als Fabriksiedlung entstand dazu 1886 am Westufer, bei Bahren, eine, wie Schmidt schreibt, »nach Lage und Einrichtung geradezu vorbildliche Kolonie von Arbeiterhäuschen«.[33] Gemeint ist »Kamerun«, eine anstelle bisherigen Fährverkehrs 1890 durch die Muldebrücke angeschlossene Werkssiedlung mit getypten Wohnhäusern und einer »Fabrikantenvilla« mit Wohnungen für leitende Angestellte. In Sichtweite

Kirche und Pfarrhaus in Döben

liegt bergan, von einer Bruchsteinmauer umschlossen, ein kleiner 1917 angelegter Friedhof für russische, französische und serbische Kriegsgefangene des Ersten Weltkrieges.

Der Personenverkehr von Golzern nach Wurzen ist 1969 eingestellt worden, und wie vordem die »Muldenthal-Eisenbahn« ist seit der Muldeflut von 2013 auch die Golzerner Fabrikinsel Geschichte. Am Pegel Golzern, dem ältesten im Muldegebiet, wird seit 1911 das Abflussregime genauestens registriert. Der Fluss wird auf seinem Wege zum »Farben«-Städtchen Nerchau seit 1971 von der Autobahnbrücke der A 14 überspannt, unter welcher der Muldentalbahn-Radweg als neue Hauptroute auf dem Ostufer verläuft. Während des derzeitigen Brückenneubaus wird der von Grimma-Böhlen kommende alte Mulderadweg wieder genutzt, der linksmuldisch auf Wednig zuhält und erst über die Trebsener Muldebrücke auf das Ostufer und den Muldentalbahn-Radweg zurückführt.

Über die Bergstraße nach Golzern hinauf ist ein Abstecher zur Deditzer Höhe (233 Meter) möglich, wo zur Erinnerung an die sächsische Landesvermessung durch den Dresdener Geodäsieprofessor Christian August Nagel 1873 eine Triangulationssäule aus Porphyrtuff gesetzt worden ist.

Die Muldentalbahn dampfte einst auf dem Flussufer unter Schloss Döben nach Wurzen, Foto um 1930.

# Einstige Muldefähren – Nerchau, Trebsen, Nitzschka

◈ »Von Golzern nordwärts«, schreibt O. E. Schmidt, »werden die Uferfelsen niedriger, sind mit Gras oder Buschwerk überwachsen und treten weiter vom Wasser zurück. Es ist noch nicht der Unterlauf der Mulde, in den wir eintreten, wohl aber eine ihn vorbereitende Zone. Hier liegen zwei Kleinstädte: Nerchau und Trebsen einander schräg gegenüber. Sie verdankten ihren Rang als Städte ... der Bedeutung, die sie im 10. und 11. Jahrhundert besaßen. Damals wurde zur Behauptung der deutschen Herrschaft gegen die Slawen von Rochlitz, Colditz, Leisnig und Döben aus ein ganzes System von kleinen Festungen längs des Laufes der Mulde bis nach Pouch hinab angelegt.«[34]

Dem ist, Nerchau betreffend, einem angeblich bis um 1900 vom Federvieh beherrschten Städtchen (Gänsebrunnen auf dem Markt) nicht zu widersprechen: Der schon zu 974 als »Niriechua« in Thietmars Chronik erwähnte Ort auf dem östlichen Hochufer der Mulde konzentriert sich auf den Kirchberg, wo einer slawischen Wallanlage der deutsche Burgward, zu Anfang des 16. Jahrhunderts die heutige Stadtkirche St. Martin (Radwegkirche) und die Bierkeller des Vasallenstädtchens derer von Starschedel auf Cannewitz und von Salhausen auf Trebsen folgten. Eine Kahnfähre gab es beurkundet seit 1648, zunächst vom Nerchauer Ufer (Fährweide), ab Beginn des 19. Jahrhunderts von der Wedniger Seite her, noch bis Anfang der 1970er Jahre.

◈ »Weil die Mulde im Bereich des (Wedniger) Fährhauses sehr sauber und ausreichend tief war, entstand hier vor dem Ersten Weltkrieg die Städtische Schwimm-Bade-Anstalt und später das Muldenfreibad Nerchau«, wie es ja vielerorts Muldebäder gegeben hat. »Die Schwimm-Bade-Anstalt bestand aus einem floßartigen schwimmenden Unterbau, auf dem im Randbereich einfache Umkleidekabinen installiert waren. In Hausmitte konnte man in den Fluss steigen und innerhalb der hölzernen Umhausung baden. Die schwimmende Badeanstalt war mit Seilen vor Abtrieb gesichert. Betreten konnte man sie über einen ebenfalls schwimmenden Steg vom Fährhausufer. Nach 1920 wurde sie aus wirtschaftlichen und badekulturellen Gründen hinfällig. Seitdem gab es nur noch das Muldefreibad mit zwei Badekabinen auf dem Lande, die sich am bzw. vor dem Fährhaus befanden, einschließlich mehrerer Schwimmstege.« Und der hier ab 1903 ansässige Fährmann, ein zugezogener Leipziger Fischermeister, betätigte sich fortan auch als Bade- und Schwimmmeister und verlieh zudem Ruderboote.[35]

Blick vom Nerchauer Steg zum Fährhaus Wednig und zurück zum Nerchauer Kirchberg von der Wedniger Badeanstalt vor 1920 her. Der Fährbetrieb wurde 1971 eingestellt.

Beispiel einer großen Wagenfähre, hier die von Grubnitz im Jahre 1911

Nur ein Stück stromab von Nerchau folgte die nächste Muldenfähre in Trebsen, im Blickfeld das Renaissance-Schloss mit dem Gutsverwalterhaus zur Linken, Lithografie um 1845.

Die 1494 beurkundete, wegen hoher Zinsabgaben offenbar verkehrswichtige, den Trebsener Lehnherren zugesprochene Fähre lag vor der Stadt, noch vor der Furt. Sie war eine Kahn- und Wagenfähre und ist mit dem Brückenbau 1883 eingestellt worden. Die Wagenfähre (auch Prahmfähre genannt) ist nach der Typisierung des Leipziger Heimatforschers und besten Kenners hiesiger Wasserläufe Georg Grebenstein »ein großes, rechteckiges flaches Wasserfahrzeug. Die breite Auflagefläche auf dem Wasser verhindert weitgehend das Kentern. Die Kahnfähre hat einen flachen Boden, nur ist er wesentlich breiter als bei einem gewöhnlichen Kahn. Um ein Abtreiben der Fähre durch die Strömung zu verhindern, laufen beide Fährarten an einem Seil, das über den Fluß gespannt ist. Durch Staken oder Rudern wird die Fähre gelenkt, wobei das strömende Wasser die Fortbewegung erleichtert.«[36]

◈ Nach dem »Album der Rittergüter und Schlösser des Königreichs Sachsen« von 1854 »gewinnt Trebsen durch die breite, fruchtbare Aue des Muldenstroms, der am südöstlichen Ende des Städtchens den von Seelingstädt herankommenden Kranichbach und dem Schlosse Trebsen gegenüber den starken Mutzschener Bach aufnimmt ... vorzügliche Annehmlichkeiten ... Das Städtchen ist ziemlich unregelmässig an den Abhängen zweier Hügel erbaut, von welchen der Schlossberg eine Art Vorgebirge bildet ... Das schöne im Quadrat erbaute alterthümliche Schloss umschliesst einen grossen Hof und gewährt, obgleich es kein Thurm ziert, einen trefflichen Prospekt.«[37]

Zum Schloss Trebsen gelangen die linksmuldischen Radler über die Pauschwitzer Straße, die vom rechtsmuldischen Radweg kommenden über die Trebsener Muldebrücke; der Abzweig ist bei Neichen, einer Ortslage, die von dem der Mulde zufließenden Mutzsche-

Schloss Trebsen, dreigeschossige Vierflügelanlage der Renaissance mit Staffelgiebeln, hervorgegangen aus einer mittelalterlichen Wasserburg

ner Wasser geprägt wird. Die nebenstehende Lithografie aus dem zitierten »Album der Rittergüter und Schlösser des Königreichs Sachsen« erscheint dem heutigen Betrachter durchaus noch vertraut. Da sind die mächtige Muldenfront mit der Flussmauer und dem zwölfachsigen Ostflügel, die Staffelgiebel der Renaissance und der barocke Torflügel im Süden sowie das Mansarddach des Gutsinspektorhauses vom späten 18. Jahrhundert. Das Schloss steht am Westufer der Mulde über dem Rechteckbühl einer mittelalterlichen Wasserburg, genau dieser archäologische Kernbefund hat sich nach durchgreifender Rekonstruktion und Restaurierung der gesamten Anlage wieder herausgeschält. Hier war nach 1990 eine Schlossbauhütte mit Schulungs- und Werkstattmöglichkeiten für Denkmalpfleger, Restauratoren, Maurer und Zimmerleute beheimatet, hier sind historische Baustoffe aus ganz Sachsen gesammelt worden. Erdarbeiten haben den umlaufenden Wassergraben freigelegt, dabei wurden Mauern und Brückenbogen sichtbar.

Beeindruckendster Zeuge der Mittelalterburg ist der mit drei Metern Mauerstärke und 18 Metern Durchmesser ehemals 40 bis 50 Meter hohe runde Bergfried, dessen unteres Viertelrund aus Bruchsteinen als Blickfang im Schlosshof freiliegt. Er führt in die Zeit des Edelfreien oder Reichsministerialen »Henricus de Trebecin« zurück, durch den der Ort 1161 als Herrensitz erste Beurkundung erfahren hat. Diesem frühen Horizont gehört auch der ergrabene Grundriss der im Kern romanischen Pfarrkirche auf dem benachbarten Berg an. Die dort 1981 gefundene figürliche und inschriftliche Grabplatte, der sogenannte Judith-Stein, zählt zu den ältesten erhaltenen Grabmalen östlich der Saale. In der durch ihren hohen Turm mit Zwiebelhaube weithin sichtbaren Kirche findet sich ein raumbeherrschendes barockes Gemälde von 1701 an der Bretterdecke, die Himmelfahrt des Elia.[38]

Judith-Grabstein, um 1150, in der Trebsener Stadtkirche

Unter Hans von Minkwitz entstand an der Stelle der Wasserburg 1522–24 eine dreiflüglige spätgotische Schlossanlage mit Backsteinziergiebeln und zellengewölbten Räumen. Sie lassen den von Meißens Albrechtsburg bekannten Übergangsstil von der mittelalterlichen Burg zum frühneuzeitlichen Schloss ahnen. Erst 1783 wurde der Schlosshof durch einen Torflügel geschlossen, im 19. Jahrhundert dann der barocke Park zum Landschaftspark an der Mulde umgestaltet; er reicht bis an Walzig heran. Das 1421 als »Städtlein« erwähnte »Trebissin« gehörte dem schriftsässigen Rittergut seit 1516 ganz, dazu als zweites Städtchen ab 1599 auch Nerchau. Im Jahre 1720 dienten dem Gut 101 Bauern und Gärtner sowie 98 Häusler. Bei der Bodenreform 1945 wurde es mit über 1000 Hektar Ackerland als größtes des rittergutsreichen Kreises Grimma aufgeteilt. Trebsen ist 1911 Endpunkt der von Beucha/Brandis kommenden höchst ertragreichen »Steinbruchsbahn« geworden, einer Ende 1898 eröffneten Zweigbahn der Strecke Leipzig–Borsdorf–Beucha–Großbothen, wodurch die Steinbrüche bei Ammelshain, Altenhain und Seelingstädt sowie die hiesige, 1893 errichtete Zellstoff- und Papierfabrik an der Mulde Gleisanschluss erlangten. Der Reiseverkehr auf der Bahnlinie Beucha–Trebsen wurde 1997 eingestellt; eine Aktivierung der Strecke für den Personenverkehr ist in Prüfung.

Nördlich von Trebsen strömt die Mulde über alte Kreisgrenzen hinweg ins Wurznische. Vorbei am Standort der noch bis zum Muldenhochwasser von 1954 tätigen »Schiffmühle« Walzig und über das Wehr hinweg, nimmt sie beim Gutshof Obernitzschka die Launzige auf, einen vom Wermsdorfer Waldrand zufließenden Bachlauf. Das im 16. Jahrhundert denen von Minkwitz, zuletzt der Familie von Carlowitz gehörende Herrenhaus ist 1947 leider abgetragen, als Steinbruch für Neubauerngehöfte freigegeben, das Untergeschoss verfüllt worden. Erhalten geblieben ist im Gutshof ein langgestrecktes kreuzgewölbtes Wohnstallgebäude, dessen mächtiges frisch rekonstruiertes Walmdach 2007 einer Brandstiftung zum Opfer gefallen ist. Ein Torgebäude des Gutshofes gibt den Weg in den kleinen Gutspark und in die Muldenaue frei. Auf dem Sporn über der Muldenschleife neben dem einstigen Gutsschloss ragt als Zeuge dieses einstigen Ensembles der Nitzschkaer Kirchturm von 1745 auf. Diese Ansicht Obernitzschkas vom

Obernitzschka, Schlossruine und Kirche sowie Muldeblick über die Gutshofsmauer

westlichen Ufer und vom Fährkahn aus, der bis zum Muldenhochwasser 1954 betrieben wurde, hat O. E. Schmidt beschrieben:

◈ »Vom Kahn genießt man den Blick auf die baumgeschmückte Aue, auf das behaglich zwischen den Gärten sich versteckende Dorf und das die Gehöfte überragende einfache Schloss. Es war einst (1814–1826) im Besitze des Dichters August Mahlmann, der sich hier von den Schrecken des Kriegsjahres 1813 erholte. Mahlmann hatte als Pächter und Redakteur der ›Leipziger Zeitung‹ durch seine politische Haltung das Missfallen Napoleons erregt, der ihn am 26. Juni 1813 aus Leipzig nach Erfurt schleppen und dort einkerkern ließ. Der Dichter selbst erzählt uns, daß er in seinem Kerker im Erfurter Rathaus, in dem vor ihm einige Lützower gefangen saßen, mehrere seiner Lieder an die Wände geschrieben fand. Er wurde wieder freigelassen und konnte die Leipziger Schlacht und die Befreiung der Stadt an Ort und Stelle miterleben und in jubelnden Versen besingen. In Obernitzschka hat er sich [bis zu seinem Tode 1826] der Landwirtschaft und naturwissenschaftlichen Studien hingegeben.«[39]

Die Fährverbindung nach Rothersdorf soll Johann Gottfried Seume 1788 genutzt haben, um nach Wurzen zu gelangen; zumindest ist die in einer überkommenen Zeichnung rückwärtig im Boot stehende Person als Seume identifiziert worden.

Alternativ können Wanderer aus dem Nitzschkaer Gutspark auch muldenah nach Oelschütz und zur Sonnenmühle gelangen, die ein von Johannas Höh (Pyrna mit Aussichtsturm) kommender Bach angetrieben hat; von da gab es laut Messtischblatt von 1893 eine Kahnfähre hinüber nach Pausitz. Auf der »Loreley«, einem Felssporn des östlichen Muldenhochufers, liegt der slawenzeitliche »Sonnenmühlwall«. Noch sind der alte Zugang an der Westseite und der langgezogene Wall zu erkennen. Einen slawenzeitlichen Wallrest haben Archäologen auch am jenseitigen Muldealtwasser ausgemacht. Pausitzer und Schmölener Lache sind ebensolche Altwasser, abgeschnittene Flussschlingen mit zum Teil ganz eigenen Biotopen, Paradiese für Wasservögel. O. E. Schmidt hat den stillen, »wegen der vielen Unterwaschungen nicht ganz unbedenklichen« Wiesenweg von Pausitz, einem zu 974 vom Merseburger Bischof und Chronisten Thietmar in kaiserlicher Schenkung ans Bistum Merseburg »Bucithi« erstgenannten Ort, entlang der Lache nach Schmölen mit seiner vielgestaltigen Natur gepriesen:

◈ »Blaue und gelbe Arten der Iris schaukeln ihre großen Blüten auf schlankem Stengel zwischen den Schilfblättern des Ufers, ein buntfarbenes Vogelleben tummelt sich über den Wassern und im Erlengebüsch, sogar den

Blick von der »Wüsten Kirche« am Mulderadweg hinunter zum Fluss und Altarm

Triel und kleinere Trappen sieht man laufen, und zwischen Büschen und Blumen schwirrt das surrende und summende Heer der Falter und Libellen, der Motten, Mücken und Käfer, und, was diese noch nicht auszusprechen vermögen, das verkünden weithin über die Wasser und das grüne Meer der Gräser der Einzelruf und der Chorgesang der Frösche und Unken.«[40]

Anders als der alternativ 2004 auf dem östlichen Muldeufer eröffnete Muldentalbahn-Radweg, heute die Hauptroute, bleiben der alte Mulderadweg und Muldental-Wanderweg linksmuldisch und führen ausgangs des Trebsener Schlossparks flussnah bis Walzig. Dann weichen sie in großem westlichem Bogen auf dem Muldenweg und »Zum Planitzwald« über die Weiler Rothersdorf und Neuweißenborn in den Hinteren Planitz aus, eine von O.E. Schmidt wegen ihrer »weltverlassenen Stille« und dem Schmielteich überaus geschätzte, noch heute naturnahe Waldung. Vom »Rundteil« aus, einer Sechs-Wege-Spinne, folgt der Rad-/Wanderweg nordöstlich dem Planitzweg und der Altenhainer Straße nach Schmölen und dort nach Querung der B 107 weiter der Fährstraße zur Muldefähre, zum Übersetzen nach Dehnitz. Am östlichen Muldeufer trifft diese Alternativroute wieder auf den erwähnten Muldentalbahn-Radweg, der von Neichen her an Nitzschka und Oelschütz vorbei auf Dehnitz zuhält. Wo er den ehemaligen Bahndamm zur Mulde hin verlässt, liegt die noch im kleinen Grundriss zu erahnende »Wüste Kirche« der Mark Sellnitz, einem 1330 beurkundeten, 1542 wüst genannten Dorf; es ist ein schöner Verweilplatz mit weitem Blick über die Muldenaue.

# Zum Domberg Wurzen

Flächennaturdenkmal Wachtelberg mit dem Bismarckturm von 1908/09

Noch einmal muss die Mulde zwischen Schmölen und Dehnitz die Granitporphyre des Schaf- und Wachtelberges durchstoßen, dann endet das Tal der Mulde und der Fluss tritt in die weite nördliche Auenlandschaft ein. Rechtsmuldisch ragt der Wachtelberg 148 Meter hoch auf, ihn krönt seit 1908/09 ein von Wilhelm Kreis entworfener Bismarckturm, den Naturschützer 1974 vor seiner Sprengung schützen konnten. Wegen des seltenen Vorkommens der »Osterblume« oder Echten Küchenschelle ist die Bergkuppe mit ihrer Trockenrasenflur 1911 vom kurz zuvor gegründeten Landesverein Sächsischer Heimatschutz zum Flächennaturdenkmal erklärt worden, wohl dem ersten überhaupt in Deutschland, jedenfalls dem ältesten Schutzgebiet für bedrohte Pflanzen in Sachsen; heute ist der Wachtelberg sachsenweit der einzige Standort der unter Schutz gestellten »Osterblume«. Deutschlandweit ist wohl die Lüneburger Heide zum ersten Naturschutzgebiet geworden, als dort Anfang des 20. Jahrhunderts Bürger Land am Wilseder Berg kauften, um es dem Zugriff der Landwirtschaft zu entziehen.

◈ Wurzens Stadtchronist und Heimatforscher Wolfgang Ebert erzählt vom Wachtelberg: »Schon in bischöflichen Zeiten wurde hier auf den Kuppen der anstehende Pyroxengranitporphyr gebrochen. Später haben die Bauern von Dehnitz von hier Bruchsteine für die Fundamente oder Umfassungsmauern ihrer Hofgebäude geholt. Der größte Bruch liegt an der Westflanke des Berges, in ihn führt der Weg von der Straße hinein. Um 1950 war die Sohle des Bruchs noch ziemlich hoch mit Wasser gefüllt, aus dem sich Angler Fische holten oder Kinder Krebse fingen. 1952 – während des Dehnitzer Heimat- und Sängerfestes – kam man auf die Idee, in den Bruch eine Naturbühne zu bauen. So verrückt der Gedanke auch am Anfang erschien, er wurde im Rahmen des damaligen ›Nationalen Aufbauwerkes‹ hauptsächlich durch freiwillige Arbeitsstunden der Dehnitzer, aber auch auswärtiger Sänger verwirklicht. Im Juni 1954 wurde die Naturbühne am Wachtelberg eingeweiht. Sängerfeste fanden statt, Filmvorführungen, sogar Theater gastierten hier. Nicht einmal zehn Jahre erfüllte die Naturbühne ihre Aufgabe, dann machten Vandalismus, Diebstähle und wiederholte Wassereinbrüche, aber auch gewandelte Ansprüche der Menschen ihr ein Ende. Die rasch verfallende Kulturstätte holte sich die Natur zurück … Der verlandende Tümpel über der einstigen ›Orchestra‹ ist ein Rückzugsgebiet geworden für Molche, Lurche, Frösche, Libellen und manch anderes vom zugreifenden Menschen bedrohte Lebewesen …«[41]

Stille Muldenlandschaft südlich von Wurzen

Unten: Blick vom Schmölener Fährsteg zu Fähre und Fährhaus Dehnitz, im Hintergrund der Bismarckturm vom Wachtelberg

Ursula-Kapelle vor dem Gutshaus Schmölen

Am Ortseingang Dehnitz, wo der Abzweig zur Fähre möglich ist, liegt am Muldentalbahn-Radweg der »Muldenhof«, ein Dreiseitenbauernhof, der 1996–2011 das Leipziger Naturschutzinstitut des NABU-Landesverbandes Sachsen e.V. beherbergte. Bergab lagern die Gehöfte um den Dorfplatz, welchen der aus dem »Goldenen Tälchen« kommende Mühlbach zur Dehnitzer Lache hin durchfließt. Wachtelberg und Mühlbachtal haben dem hiesigen Naturschutzgebiet ihren Namen gegeben. Übergreifendes Landschaftsschutzgebiet ist die »Mittlere Mulde«, in dem der noch naturnahe Fluss in der sich weitenden Aue stark mäandriert, insbesondere zwischen Eilenburg und Bad Düben.

Vom Fährhaus Dehnitz setzt eine ab 1910 betriebene Kahnfähre über die eindrucksvoll breite Wasserfläche vor dem Wehr nach Schmölen hinüber; auch Flussfahrten mit dem Motorboot »Sellnitz« zum Oelschützer Sonnenmühlwall sind von hier aus möglich. Im 1451 bezeugten Rittergutsflecken Schmölen ließ der meißnische, in Wurzen residierende Bischof Johann VI. von Salhausen die Ursula-Kapelle errichten. Nach häufigem Besitzwechsel kam das Gut Schmölen 1901 in die Hand der Familie Schultz, die den heutigen Herrenhausbau ausführen ließ. Die greise Leipziger Musikschriftstellerin Marie Lipsius (Pseudonym La Mara) hat dort, existenziell gesichert, ihre letzten Lebensjahre bis 1927 verbringen können. Stromab folgt Neumühle mit dem ehemaligen Forsthaus des Rittergutes Niederschmölen, in dem Richard Püttner, der Maler stimmungsvoller Wurzenmotive, Illustrator der »Gartenlaube«

Bennewitz unter Wasser am 13. August 2002, überflutet nach Dammunterspülungen und Dammbrüchen auch die Ortsteile Schmölen, Grubnitz und Nepperwitz, rechts die Straßenbrücke, links die Eisenbahnbrücke

sowie vieler Reisebildbände, 1842 geboren worden ist. Schmölen und Niederschmölen gehören wie die ebenso muldenahen, hochwassergefährdeten Orte Deuben, Grubnitz und Nepperwitz zur Gemeinde Bennewitz.

Mit der Fähre gelangen die linksmuldischen Radfahrer und Wanderer von Schmölen über die Mulde und den Mühlbach nach Dehnitz hinüber (alternativ über die Wurzener Straßenbrücke) und auf dem Osterblumenweg hoch zum Wachtelberg. Muldental-Wanderer folgen nach Wurzen hin zunächst dem in die Mulde mündenden Mühlbach zum Neumühlenwehr, danach dem Wurzener Mühlgraben. Unterquert wird der Eisenbahndamm der ältesten deutschen Bahnfernstrecke Leipzig–Dresden, in die beim (Süd-) Bahnhof Wurzen die Muldentalbahnlinie »einmündete«, erst seit 1879, denn ihr Endbahnhof hat anfangs im Nordosten der Stadt gelegen und hieß Nordbahnhof. Dem ersten Eisenbahnbrückenbau in Deutschland von 1832 bei Wurzen folgten hier noch drei weitere bis zur heutigen 188 Meter langen Eisenbahnbrücke von 2001.

Beim Mühlgrabenwehr nimmt der 1924–26 von den »Sächsischen Werken« errichtete Kanal seinen Ausgang, ein über fünf Kilometer parallel zur Mulde bis nach Canitz vorgetriebener Bau zur Energiegewinnung. Der Kanal nutzte anfänglich das alte Bett des Wurzener Mühlgrabens, der wohl einmal der stadtnahe Hauptarm der Mulde gewesen ist.

Mulde-Kiesheger bei Grubnitz

◈ Die Straßen »Am Wachtelberg« und »Dehnitzer Weg« wählt der Mulderadweg nach Wurzen, zweigt aber bald zur Mulde hinunter ab und folgt dort wie der Wanderweg dem Mühlgraben, unter der Eisenbahnbrücke hinweg und dem Kanal entlang, dann unter der neuen Straßenvorlandbrücke hindurch. Dort stoßen sie auf das Wegzeichen der Jacobsmuschel, denn »seit 2003 nutzen viele Wanderer den ins Leben gerufenen Ökumenischen Jacobspilgerweg, der sich von Görlitz aus durch den ganzen Freistaat Sachsen zieht, auch bei Wurzen oft fast vergessenen Altstraßen folgt und hier – wie vor Jahrhunderten schon – durch die Muldenaue über den Göhrendorfer Werder führt und bei Grubnitz die Mulde quert.«[42] Auch Muldental-Wanderer und Mulde-Radfahrer können alternativ diesen Weg über die Grubnitzer Brücke wählen, um von dort linksmuldisch über Nepperwitz nach Püchau bzw. über die gestufte Mulderohrbrücke zur Leipziger Trinkwasserversorgung nach Canitz überzusetzen.

Etwa in Höhe der Grubnitzer Brücke endet der Canitzer Kanal blind, vor Mitte der 1970er Jahre wurde er in seinem weiteren Lauf verfüllt. In Grubnitz hat es 1741 bei einer Furt, ähnlich flussab in Dögnitz nach 1900, eine Wagenfähre gegeben (siehe S. 67), dazu eine 1822 erbaute Schafbrücke, die Grubnitzer und Nepperwitzer Bauern zur Schaftrift auf den Weideflächen östlich der Mulde diente. Die Dörfer der westlichen Aue, alte Rundlingsformen wie Grubnitz und Nepperwitz (mit romanischer und spätgotischer Dorfkirche), treten vom Fluss zurück und liegen hinter Dämmen, die den jüngsten Fluten nicht standzuhalten vermochten. Daher wird hinter diesen muldenahen Altdämmen ortsnäher ein neuer

In der Nepperwitzer Kirche erinnert der vom Leipziger Maler Michael Fischer-Art geschenkte »Flutaltar« an die »Jahrhundertflut« 2002.

Muldedeich vor Grubnitz, Nepperwitz, Dögnitz, Püchau entstehen, verbunden mit einem Teilrückbau des Altdeiches.

◈ Der Mulderadweg biegt in der Wurzener Aue rechts zum Bürgerwerder und Gura-See ab. Von da führt er weiter entlang einer Hochstraße zur Verkehrsentlastung der Stadt, bis wieder der Wurzener Mühlgraben überbrückt, die Hochstraße unterquert und der Stadtpark erreicht wird. Über Juelstraße und Eilenburger Straße verlassen die Radfahrer Wurzen nach Nischwitz. Der Mulderadweg begleitet die Eilenburger Straße (S 11) an Canitz und Wasewitz vorbei bis nach Thallwitz. Ein schöner alternativer Weg für Wanderer und Radfahrer führt zwischen der Eilenburger Straße und dem Grubnitzer Muldeübergang östlich des Flusses in der Aue muldenah zum Nischwitzer Schloss und Canitzer Park, weiter zur Wehrkirche Wasewitz und zum Kollauer Wehr, wo er wieder auf die Hauptroute des Mulderadweges trifft.

Lange schon fehlen dem Wurzner Domberg und der Stadt der sichtbare Bezug zum weit nach Westen abbiegenden Fluss. Die historische Vorstellungskraft muss nachhelfen, die einstige Lagegunst des etwa zehn Meter über die Muldenaue ragenden Dombergplateaus auszumachen. Die von Osten her den Stadtkern schneidende, längst verrohrte Rietzschke schuf den tiefen Einschnitt zwischen dem Domberg und dem Crostigall, bevor sie bei den die Stadtsilhouette beherrschenden hohen Mühltürmen der Krietsch-Werke in den Mühlgraben fließt. So hatte der zu 961 beurkundete Burgwardsitz »vurcine civitas« hier einen günstigen Platz, vermochte gar den

Wurzens Silhouette, geprägt von den Mühlenwerken, von Stadtkirche St. Wenceslai, von Dom St. Marien und vom Bischofschloss

älteren Burgwardort Püchau zu überflügeln. Dafür war ausschlaggebend, dass die Mulde durch den kaiserlichen Schiedspruch von 1017 zur Grenze zwischen den Bistümern Meißen und Merseburg wurde und die meißnischen Bischöfe dann auf dem Burgberg 1114 ein kleines Münster ihres Kollegiatstifts Wurzen weihten. Diesem Gründungsakt folgte alles weitere: der Aufbau einer bischöflichen Territorialherrschaft, der »terra Wurcinensis«, über 56 meist rechtsmuldische Dörfer, die Anlage einer Rechtsstadt um den Markt östlich der »Domfreyheit«, schließlich die Verlegung der bischöflichen Residenz vom Burgberg Meißen nach Wurzen im Jahre 1489.

Im ausgehenden Mittelalter und im Reformationsjahrhundert prägte sich die Bischofs- und Domstadt Wurzen architektonisch voll aus. Der im Stile eines Renaissancefürsten waltende Bischof Johann VI. von Salhausen ließ 1491–97 ein Bischofsschloss ähnlich der Meißner Albrechtsburg als sogenannten Übergangsbau von der spätmittelalterlichen Burgen- zur Schlossarchitektur aufführen. Auch der letzte meißnische Bischof Johann IX. von Haugwitz residierte hier bis zu seiner Abdankung im Jahre 1581, seitdem waltete eine »Churfürstlich Sächsische Stifftsregierung zu Wurzen« über drei Jahrhunderte auf dem Domberg. Noch heute trifft der Besucher in dem von Dom, Schloss und ehemaligen Stiftsgebäuden gebildeten dreieckigen Bezirk, der alten Domfreiheit, ein ebenso geschichtsträchtiges wie kunsthistorisch bedeutendes Bauensemble an.

Türme von Dom St. Marien und Bischofsschloss mit Blick in die Wurzener Muldenaue

Das spätgotische Bischofsschloss mit zellengewölbten Räumen und Bischofswappen über dem Eingangsportal hat nach jahrhundertelanger Nutzung als Stiftsamt, Amtsgericht und Polizeibehörde nach seiner Privatisierung 2002 durch Hotel- und Gaststättenbetrieb wieder zu Öffentlichkeit gefunden. Die romanische Pfeilerbasilika der Stiftskirche ist unter Bischof Johann VI. von Salhausen, der den Westchor zu seiner Grablege bestimmte, zum gotischen Dom St. Marien gewachsen, mit spätgotischen Sandsteinfiguren (Kaiser Otto I. als Begründer des Bistums Meißen zwischen den Bistumspatronen Johannes und Donatus) und seit 1931/32 mit den expressionistischen Bronzewerken einer Kreuzigungsgruppe (Christus zwischen den Schächern) und Kanzelköpfen (Porträtplastiken der Domherren und Stifter) des Dresdner Bildhauers Georg Wrba.

In der dem Domwestchor angebauten Kustodie, die der Kirchenliederdichter Salomo Liskow 1685–89 bewohnt hat, wurde 1719 Magnus Gottfried Lichtwer geboren, Dichter der »Vier Bücher Aesopischer Fabeln«. Das Geburtshaus des Wurzener Stadtchronisten, sächsischen Aufklärers und Historikers Christian Schöttgen (1687) steht in der Wenceslaigasse (Nr. 12, Tafel). Zwei Jahrhunderte später, im Jahre 1883, wurde der Lyriker und Kabarettist Joachim Ringelnatz (eigentlich Hans Bötticher) auf dem Crostigall 14 geboren; sein Geburtshaus ist 2023 als Literaturhaus wiedereröffnet worden. Die mit seinem Namen eng verbundene

Dom St. Marien,
Ansicht nach Westen
zur Jehmlich-Orgel
und Sängerempore,
vorn Lesepulthalter

Wurzener Markt mit Altem Rathaus (Galerie) und Ringelnatz-Brunnen

Ringelnatz-Stele an der Markttreppe zur Liegenbank, eine von 13 Stelen des Stadtrundganges auf des Dichters Spuren

Stadt hat ihn als Bronzefigur auf den Marktbrunnen gesetzt (1933, als Klabautermann auf einem Seepferdchen reitend), mit der umlaufenden Dichterzeile »Überall ist Wunderland« und mit Bronzetafeln, die wie Hauswände und Stelen eines Ringelnatz-Stadtrundganges mit seinen Gedichten geziert sind.

Die Altstadt mit ihrem historischen Marktensemble, dem Renaissancebau des Kulturgeschichtlichen Museums in der Domgasse, dem eine Galerie im Alten Rathaus angeschlossen ist, der spätgotischen Hallenkirche St. Wenceslai mit hohem Westturm unter barock geschweifter Haube und Laterne, dem kursächsischen Posttor von 1724 am Crostigall und dem 1616 errichteten Pesthäuschen auf dem Alten Friedhof (Wurzen hatte 1607 ein schlimmes Pestjahr), wird muldenseitig von einem kastanienbestandenen Promenadenweg umfasst. Da stehen am Mühlgraben Wurzens Panorama prägende, geradezu zum Wahrzeichen der Stadt gewordene, mächtige Industrietürme der Krietschwerke AG, hervorgegangen aus der alten Stadtmühle. Über die weiten Flutwiesen der Mulde spannte sich seit 1830 die erste Brücke im Zuge der damals chaussierten Hohen Straße (via regia und Poststraße, heute B 6). Goethes Erfahrung mit der Muldenfähre im Jahre 1768 ist Literatur geworden, im »Urfaust« heißt es dazu: »bey Wurzen ists fatal, da muß man so lange auf die Fähre manchmal warten«.

Stadtblick aus der Türmerwohnung von St. Wenceslai

Pesthäuschen auf dem Alten Friedhof

Die hiesige Furt ist nach Georg Grebenstein noch lange nach Einrichtung der Fähre (1573) von den Fuhrleuten lieber genutzt worden, ermöglichte sie doch durch geringe Uferhöhe und das flache Flussbett eine leichte Anfahrt und dauernde Passierbarkeit. »Furten waren seichte, leicht passierbare Flussstellen mit geringerer Wasserströmung. Beim Fährbetrieb hingegen brauchte man eine Strömung und einen höheren Wasserstand wegen der Eintauchtiefe der vollbeladenen Fähre. Deshalb waren an Übergängen, wo es eine Furt und später noch eine Fähre gab, diese Stellen meist räumlich voneinander getrennt.«[43] Gleichwohl so nah, dass daraus wiederholt Klagen nicht nur vonseiten des Fährmanns folgten. Im Jahre 1618 heißt es:

Blick über die Heiste der Liegenbank in die Domgasse zum Kulturgeschichtlichen Museum der Stadt und zu den Domturmspitzen

◈ »Denn daß sich diesen Ortes leider im Wasser viele Todesfälle zutragen, ist itzo nicht bloß die Ursache, daß keine Brücke vorhanden, sondern, daß die wandernden Leute ... stracks durch die Furt, deren Gelegenheit sie doch nicht kennen, und darüber in das Unglück geraten.« Grebenstein hat Wurzens Fährenordnung von 1627 beschrieben, wonach »der Rat die Fähre vom Fiskus für 920 Meißener Gulden jährlich in Pacht ... und von seinem Anteil alle Unkosten zu bezahlen hatte. Löhne erhielten der Fährmeister, seine Knechte, die Gehilfen und der Fährschreiber. Der Fährmeister erhielt jährlich 90 Meißener Gulden ... Auch wird ihm dasjenige gereicht, was die Stifts-Amts-, auch andere Dorfschaften (für die freie Überfahrt) an Getreide, Geldern, Broten, Kuchen und Holz dem Herkommen nach abgeben.«[44]

Erst als 1815 Eilenburg preußisch wurde, versuchte der arg gebeutelte sächsische Staat den dorthin laufenden Verkehr südlich nach Wurzen abzuziehen und gewann so Interesse an dem hiesigen Brückenbau. Wie gefährlich die Mulde bis heute geblieben ist, erinnert ein Stein auf dem westlichen Muldendamm hinter Bennewitz an Karl Goretzko, »der am 7. Juli 1925 ertrank, nachdem dieser brave Mann im Verlaufe seines Lebens 33 Menschen vor dem Tode des Ertrinkens gerettet hatte«.

Dem Brückenneubau von 1935/36 blieb nur ein Jahrzehnt, bis zu dem Sprengungsbefehl des Wurzener Kampfkommandanten vor den am 16. April 1945 anrückenden Panzern der 1. US-Armee. Ein kleiner Kreis um Wurzens Oberbürgermeister Armin Graebert nahm Kontakt zu den Amerikanern auf und konnte so dem Schick-

Neue Straßenbrücke der B 6 über die Mulde, die den Strom überspannende Stahlverbundbrücke ist 210,5 Meter lang und verbindet Wurzen mit Bennewitz

sal der zur gleichen Zeit zur Festung erklärten Stadt Eilenburg entgehen. Die Konferenzbeschlüsse von Jalta 1943 hatten die Elbe-Mulde-Linie als Grenze des durch alliierte Truppen zu besetzenden Gebietes fixiert, womit im nordsächsischen Raum die Vereinigte Mulde Demarkationslinie wurde. »Der an der Mulde einsetzende Flüchtlingsstau forderte die Lazarettstadt Wurzen aufs Äußerste, große Umsiedlerlager waren einzurichten und durchschnittlich 15 000 Flüchtlinge (bei 20 000 Einwohnern) einzuquartieren; der Höchststand ist am 4. Juli 1945 mit 26 000 Flüchtlingen erreicht worden. Gemeinschaftsküchen gaben täglich 6 000 bis 8 000 Essen aus ... Bis Ende Februar 1946 durchliefen über 310 000 Flüchtlinge, Umsiedler, Heimatvertriebene die Lager der Stadt, in denen vielfältige Erkrankungen wie Typhus, Tbc, Diphtherie, Scharlach, Ruhr grassierten, und dies in Monaten schlechtester Elektroenergie- und Gasversorgung.«[45]

Der amerikanischen Pontonbrücke folgten hölzerne Behelfsbrücken russischer Pioniere über Kanal und Mulde, bis Oktober 1946 dann eine neue Muldebrücke. Nachdem deren mittlerer Strompfeiler bei der Muldeflut 2002 in den Fluss stürzte, wurde in den Jahren 2005/06 ein kompletter Neubau von Vorland- und Strombrücke mit über 528 Metern Länge ausgeführt.

# In die Muldeaue – Schlösser Nischwitz und Püchau

Die rechtsmuldischen Dörfer reihen sich nordwärts auf der eiszeitlichen Schotterterrasse auf. Hier unter dem weiten Himmel der östlichen Aue hat der Wurzener Maler Hans-Peter Hund († 2023) zu seinen »Wolkenbildern« gefunden. Hinter der Mühlgrabenschleife liegt Nischwitz, ein im Jahre 1412 ersterwähntes Gassendorf, das von der Kirche und dem Schloss beherrscht wird. Nach Ausmalung bzw. Baugestalt gehören sie beide der Mitte des 18. Jahrhunderts an. Rittergut Nischwitz hat seit 1743 Reichsgraf Heinrich von Brühl besessen, der das drei Jahrzehnte zuvor errichtete Schloss durch Künstler ersten Ranges um- und ausbauen ließ. Der Schöpfer des Dresdner Rokoko Johann Christoph Knöffel führte hier bis 1750 eines der schönsten spätbarocken Landschlösser auf, das der Italiener Stefano Torelli ausgemalt hat, ebenso die Dorfkirche (Altaraufbau in farbigem Stuckmarmor mit Verkündigungsgemälde). An den Hauptbau des Schlosses fügen sich über viertelkreisförmige Bogengänge nördlich und südlich dreiflüglige Nebengebäude an, zum Dorf hin schließt ein in der Achse des Hauptbaues stehender Pavillon den Schlosshof ab; die Sandsteinfiguren werden dem Dresdner Bildhauer Pierre Coudray zugeschrieben.

Die so maßlose wie schwankende Kabinettspolitik, schließlich deutlich antipreußische Haltung des kursächsischen Premierministers Brühl rissen Sachsen tief in den Siebenjährigen Krieg. Der Preußenkönig Friedrich der Große ließ die Schlösser des ihm verhassten Mannes 1758 plündern, so auch das Nischwitzer. Noch immer aber ist der nach 1945 fast ein halbes Jahrhundert als Alters- und Pflegeheim genutzte Bau mit seinen wertvollen Innenräumen ein Kleinod sächsischer Raumkunst. Zum Festsaal des zweiten Obergeschosses heißt es im »Album der Rittergüter und Schlösser des Königreichs Sachsen«: »Hier erblickt man in den Wänden die feinste Frescomalerei italienischer Meister … Das Deckengemälde ist ohne Zweifel das Meisterstück. Es stellt den Wagensturz des Phaeton vor. Die stürzenden Pferde sind so täuschend, als fielen sie durch die Luft herab.«[46] Vom Gartensaal mit seinem Rokokointerieur und dem Deckenfresko »Triumph der Venus« wandert der Blick über die große Wiese des englischen Gartens nach den

Intentionen seines Schöpfers hinaus in die Muldenlandschaft. Als der Rokokogarten diese Umgestaltung erfuhr, ist in Nischwitz (Nr. 11, Gedenktafel) Cornelius Gurlitt als ältester Sohn des am Schloss derer von Ritzenberg tätigen Landschaftsmalers Louis Gurlitt geboren worden. Cornelius Gurlitt gilt als bahnbrechender Barockforscher und sächsischer Denkmalpfleger, er hat das 42-bändige Inventarisierungswerk »Beschreibende Darstellung der älteren Bau- und Kunstdenkmäler des Königreiches Sachsen« im Jahre 1923 vollenden können.

Schloss Nischwitz, spätbarocke Anlage mit einem in die Muldelandschaft auslaufenden englischen Garten

Die Mulde weicht vor Nischwitz nochmals westwärts aus. Am Canitzer Wasserkraftwerk, wo bis 1972 drei Turbinen Elektroenergie erzeugten, nahm sie einst den Kanal auf. Heute fließt nur noch der Mühlgraben ein, Fasane und Enten sind in die Industriebrache nachgerückt. In Blickweite spannt sich die Canitzer Rohrbrücke über den Fluss. Sie dient den meterstarken Rohrleitungen des 1912 eingerichteten Wasserwerkes Canitz, das über hunderte Brunnen Grundwasser aus der Muldenaue aufnimmt und nach Machern drückt, von wo es mit natürlichem Gefälle nach Leipzig läuft. Mulderadfahrer, welche die westliche Wegvariante gewählt haben, müssen die Rohrbrücke mit ihrem engen Treppenaufstieg nehmen, um auf die östliche Flussterrasse zu wechseln.

Aufgang zur Rohrbrücke hinüber nach Canitz, zum Rastplatz, Park und Wasserwerk

Park Canitz mit Nachbauten frühgeschichtlicher Häuser

Der Trinkwasserschutzzone und den landwirtschaftlichen Erzeugnissen angemessen, wird von dem seit 1908 der Stadt Leipzig gehörenden Canitzer Wassergut heute ökologischer Landbau auf rund 800 Hektar Fläche betrieben. Der Förderverein Landschaftspflegeverband »mittleres Muldegebiet« ist dafür Ende 1991 ins Leben getreten, mit Sitz in Canitz, wo bei einer alten Hofanlage nach 2000 der »Park Canitz« mit Musealem, Natur- und Themengärten sowie jungstein-, germanen- und slawenzeitlichen Hausnachbauten entstand, ein Rastplatz am Mulderad- wie Muldental-Wanderweg.

Zur Burg Püchau muss eine frühe, durch Flusslaufänderungen verlorengegangene Furt bestanden haben. Die seit 1836 bezeugte Fährfahrt (Wagen- und Kahnfähre) zwischen Canitz / Wasewitz und Püchau gibt es seit 1910 bzw. seit der Inbetriebnahme der Rohrbrücke nicht mehr. O. E. Schmidt hat sie noch benutzt und mit Bezug auf die Flucht König Heinrichs I. vor den nachrückenden Ungarn über den Fluss nach Püchau geschrieben:

◈ »Lange Zeit war Püchau der Scheitelpunkt, wo die Sprengel der drei Bistümer Meißen, Merseburg und Magdeburg zusammenstießen.« Hier habe sich auch »gelegentlich der Heerbann Sachsens und Thüringens gesammelt, um mit dem Kaiser über die Mulde und Elbe gegen die Polen zu ziehen. Deshalb muss von der Canitzer Fährstelle aus ein wichtiger Heerweg nach Osten gegangen sein ... Die deutschen Dörfer Canitz und Wasewitz aber erscheinen als die beiden östlichen Brückenköpfe des dortigen Muldenpasses, angelegt vor allem zur Deckung der Fährstelle. In gewissem Sinne macht Wasewitz noch heute einen verschanzten Eindruck: ein grünes Gehege, in dem Einfahrtstore sind, umgibt das Dorf auf allen Seiten.«[47]

Kirche Wasewitz mit spätgotischer Ausmalung an der Nordwand: Passion Christi und Heiligenlegende

Dieser wehrhafte Charakter von Wasewitz lässt sich in der kleinen romanischen Saalkirche des 12. Jahrhunderts mit ihrem kurzen Schiff und dem Rundturm (von 1851) auf der Apsis noch nachempfinden. Zu ihrer wertvollen spätgotischen Ausmalung gehören eine ziegelrote Passion Christi und Heiligenlegende an der Nordwand sowie in der Apsis Christus als Weltenrichter mit den Verdammten und den Seligen.

An der Rohrbrücke bietet sich die Möglichkeit, durch baumreiche Wiesen hin zum westlichen Terrassenrand der Mulde und Burgfelsen Püchau zu gelangen. Vom Ort her fließt der Seebach der Mulde zu, dazwischen breiten sich Dögnitzer Lache, »Schusterbusch«, »Kroatenloch« und »Totes Männchen« aus, vier jener sichelförmigen »toten« Flussschleifen der Mulde. Die mit der Zeit verlandenden Altwasser sind Anglerparadiese und für Amphibien wie Rotbauchunken, Laub- und Moorfrösche als Laichplätze überlebenswichtig. Zum Teil sind diese Altwasser durchaus jüngeren Datums, etwa der »Schusterbusch«, den der Radweg schneidet und der bis ins Jahr 1925 noch der eigentliche Muldenlauf war. Ein weiterer Durchbruch des Muldebogens erfolgte hier schon 1810, wodurch das »Tote Männchen« entstanden ist. So sind die einst unmittelbare Lage Püchaus an der Mulde und die erwähnte Furt für einen frühen Straßenzug vorstellbar.

◈ Püchau, das laut »Album der Rittergüter und Schlösser des Königreichs Sachsen« von 1854 »vermöge seiner natürlichen Situation, in vier Theile zerfällt, in das untere und obere Dorf, welche beide durch den Kirchberg ... getrennt sind, und den sogenannten ›Bichnerberg‹, auf dessen steilstem Vorsprunge das Schloss mit den Gutsgebäuden erbaut ist, hat im Vergleich zu der bei Weitem plattern Umgebung des benachbarten Wurzens und der großen Fläche des fünf Stunden entfernten Leipzigs, eine in Wahrheit reizende Lage«.[48]

Statue von König Heinrich I. als Falkner am Treppenturm des Ostflügels von Schloss Püchau

Nach der Chronik Thietmars von Merseburg soll die »urbs Bichni«, der spätere Burgwardsitz, wie schon von O. E. Schmidt zitiert, 924 Zufluchtsort König Heinrichs I. gewesen sein, nach Niederlage gegen die nahezu alljährlich in ostfränkische Gebiete einfallenden Reiterscharen der Ungarn. Ein mehrjähriger Waffenstillstand wurde von Heinrich I. zum Bau von Burgen und zu ihrer Besetzung durch Burgmänner genutzt, die hier Wachdienste leisteten, auch selbst Land bebauten und Proviantlager unterhielten. Sie gaben den Grundstock einer Panzerreiterei ab und erhielten neues Königsland in den eroberten sorbischen Gebieten östlich der Saale. Im Jahre 1040 schenkte Kaiser Heinrich III. die Burg Püchau mit allem Zubehör dem Meißner Bischof, was den Verfall der Burgwardverfassung im Muldenland andeutet. Der bedeutende Platz blieb hinter Wurzen zurück und wurde dem entstehenden Wurzener Stiftsgebiet eingegliedert.

Vom Renaissancebau des Püchauer Schlosses haben sich nur die sogenannte Heinrichsburg und die Backsteinbrücke zur neuromanischen, auf eine Urpfarrei zurückgehende Peterskirche erhalten. Die 1564 gemauerte Straßenbrücke dürfte die älteste Sachsens sein, das stattliche Pfarrhaus auf dem Kirchberg ist über dem Sitznischenportal inschriftlich auf 1595 datiert. Das große schriftsässige Rittergut der Grafen von Bünau gelangte durch den Leipziger Kaufmann Peter Hohmann, der für seine Waffenlieferungen vom Kaiser 1717 als »Panner und Edler von Hohenthal« geadelt worden ist, in den Besitz der 1790 in den Reichsgrafenstand erhobenen Familie von Hohenthal. Diese machte das Schloss zum Mittelpunkt

des 1807 gegründeten Fideikommisses Püchau, einer Stiftung/testamentarischen Verfügung zur Vermögenswahrung der Familie, vor allem zum Erhalt des Grundbesitzes. Vom Schlossberg Püchau aus wurden so 14 Rittergüter im sächsisch-thüringischen Raum verwaltet. Am Ende des 19. Jahrhunderts verfügten die bis 1945 hier sitzenden Grafen von Hohenthal über den größten Grundbesitz in Sachsen (nach Wettinern und Schönburgern), zählten zu den führenden sächsischen Millionären.

Der die Linie derer von Hohenthal-Püchau begründende Karl Friedrich Anton Graf von Hohenthal ließ das Schloss vor der Mitte des 19. Jahrhunderts nach englischem Vorbild erneuern und einen großzügigen Landschaftspark auf der Terrasse der Muldenaue anlegen. Dem nationalen Zeitgeist folgend, griff er auf Püchaus Anfänge zurück und schmückte den Treppenturm im Schlosshof über dem Eingang mit einer Statue König Heinrichs I. und einer Inschrift mit dem auf Püchau bezogenen Chroniktext des Merseburger Bischofs Thietmar. Unter seinem Sohn Karl Julius Leopold Graf von Hohenthal-Püchau wurde das Schloss 1874/75 durch den Leipziger Architekten Constantin Lipsius neugotisch umgebaut und erweitert. Man zielte damals auf wehrhaftes Aussehen und gab so dem Westflügel eine Schaufassade mit zahlreichen Erkertürmen und mittelalterlichem Zinnenkranz – heute ist Püchau der bedeutendste Schlossbau des Historismus im Leipziger Land.

**Schloss Püchau, Westflügel mit neogotischer Schaufassade, über dem Hauptportal gotische Maßwerkfenster, unten: Fenster des großen Marmorsaals an der Südseite**

# An der alten sächsisch-preussischen Grenze

◈ Auf dem östlichen Terrassenrand der Mulde folgt der 1266 beurkundete Herrensitz Thallwitz. Nach dem »Album der Rittergüter und Schlösser des Königreichs Sachsen« liegt der Ort »in der weiten, durch Wiesen und Busch in anmuthiger Abwechslung von Ortschaften verschönten Aue des rechten Ufers der Mulde, ¼ Stunde entfernt von der Theilung dieses Flusses in mehrere Aerme, welche auf Eilenburg, das sie gleichsam umschließen, zueilen und zwar unmittelbar vor der Ausmündung des Thales der Lossa, die von hier aus, bedeutend breiter auf eine Stunde lang fast parallel mit dem Muldenufer durch Wiesen und Gehölze nach ihrer Mündung in diesen Fluss, oberhalb Eilenburg sich dahinschlängelt.«[49] Viele Brücken über die aus der Dahlener Heide zufließende Lossa prägen das Ortsbild des ursprünglichen Platzdorfes Thallwitz. Erhalten hat sich im Ort die 1790 zur Sägemühle umgebaute, noch voll funktionsfähige Untermühle mit oberschlächtigem Wasserrad und Horizontalsägegatter.

Beherrschend ist seit dem späten 16. Jahrhundert der Renaissancebau des Thallwitzer Schlosses mit Treppenturm und mächtigen Volutengiebeln. Das Gut war damals im Besitz derer von Canitz, nach dem Dreißigjährigen Krieg für ein Jahrhundert bei denen von Holtzendorf, an die wertvolle Epitaphe sowie ein Denkmal für die 1764 verstorbene Gräfin Rahel Louise von Hoym in der Dorfkirche erinnern. 1892 hat das Thallwitzer Herrenhaus durch den Leipziger Architekten Arwed Roßbach für die hier Anfang des 19. Jahrhunderts eingeheirateten Geraer Fürsten des Hauses Reuß jüngere Linie seine heutige Gestalt erhalten. In das leerstehende Besitztum lagerte in den letzten Tagen des Zweiten Weltkrieges der Leipziger Arzt Wolfgang Rosenthal die Patienten seiner Spezialklinik aus, begründete damit für ein halbes Jahrhundert hier die Landesklinik für plastische und wiederherstellende Kiefer- und Gesichtschirurgie Thallwitz. Das eigentliche Kleinod des Herrensitzes ist der unter den Reichsgrafen von Hoym nach 1740 geschaffene Barockgarten mit der Treppenanlage und Kaskade von Sandsteinbecken nach Plänen des Dresdner Hofbaumeisters Friedrich August Krubsacius. Sie vermitteln zwischen der oberen Parkterrasse mit ihren hohen Heckenwänden und der unteren Teichterrasse. Eine Sommerlindenallee öffnet den ab 1764 umgestalteten Park weit in die Landschaft, mit einer Sichtschneise zum Schloss Püchau.

Unmittelbar hinter den Muldedeich duckt sich der Thallwitzer Ortsteil Kollau, schon 1284 als an der Nordgrenze des Wurzener Stiftsgebietes liegend beurkundet und durch den Wiener Friedensschluss zu Preußen geschlagen. So willkürlich wie hier zwischen Thallwitz und dem seit alters zu dessen Rittergut gehörigen Dorf Kollau wurde 1815/18 vielerorts die preußisch-sächsische Grenze gezogen, woran am Straßenrand die Grenzeiche und Grenzsteine mit den Initialen KP und KS erinnern. Die Kollauer Muldenfähre ins Eilenburgische, hinüber auf die Groitzscher Wiesen, ist wie die Canitzer Fähre Geschichte. Es war eine Wagenfähre (urk. 1813) zur Bewirtschaftung der linksmuldischen Fluren des Rittergutes Thallwitz, zerstört durch das Muldehochwasser 1954, als Kahnfähre noch bis 1960 betrieben.

Das jenseits eines Altarms der Mulde gelegene Groitzsch, von Püchau her erreichbar, ist ein archäologisch namhafter Ort. Der Kapellenberg hat eine der fundreichsten mitteleuropäischen Freilandstationen der ausgehenden Altsteinzeit getragen. Der saaleeiszeitliche Endmoränensporn am Westrand der Muldenaue – hochwasserfrei, mit guter Sicht auf Wildpferd- und Rentierherden sowie reichen Vorkommen an »bergfrischen« Feuersteinknollen – ist mindestens siebenmal von spätpaläolithischen Jägersippen aufgesucht worden. Als sie vor über 10 000 Jahren den Kapellenberg verließen,

Schloss Thallwitz, Gartenseite mit barocker Treppenanlage und sandsteinerner Kaskade im Übergang zur Parklandschaft

Preußisch-sächsischer Grenzstein unter der Grenzeiche zwischen Thallwitz und Kollau

Kollauer Wehr mit Fischtreppe, auch Bobritzer Damm genannt, wodurch vor dem Wehr Muldewasser als Mühlgraben für Eilenburg abgeleitet wird

hinterblieb hier eine mit 154 000 geschlagenen Feuersteinen einzigartige Fundkonzentration, dazu die einzige bekannte Kunstschöpfung aus dieser Zeit im sächsischen Raum: eine gravierte Tonschiefertafel mit drei Wildpferden, die tiefe Einstiche am Hals, sogenannte magische Verwundungen, aufweisen. Wenn Hansjörg Küster in »Schöne Aussichten. Kleine Geschichte der Landschaft« schreibt, dass die uns geläufige »Prägung auf Aussichtspunkte beim Menschen eine lange Geschichte hat«,[50] so ist das auf dem Kapellenberg Groitzsch im Wissen um die frühen Jägersippen und ihre reichen Hinterlassenschaften nachzuempfinden.

Doch zurück auf das östliche Muldenufer. Der Rundling Kollau erweist sich als Sackgasse. Muldeabwärts folgt das Kollauer Wehr, auch Bobritzer Damm genannt, wohl von flämischen Siedlern angelegt, seit etwa 1920 ein Steinschüttdamm, der Muldewasser für Eilenburger Mühlenbetriebe durch den Mühlgraben ableitete bzw. Niedrigwasser regulieren half und bei der Sanierung 1999 eine Fischaufstiegstreppe erhielt. Angler sind an der wieder saubereren Mulde und ihren vielen Altarmen und abgeschittenen Flussschlingen heimisch geworden. Es ist ein von O. E. Schmidt gerühmtes Fleckchen Erde, wo der Wurzener Gymnasialrektor vor nunmehr einem Jahrhundert sein »Muldenländisches« ganz heimatstolz und lyrisch ausklingen lässt:

◈ »Die Muldenlandschaft von Grimma nordwärts bis zur Landesgrenze hat lange Zeit als langweilig und reizlos gegolten. Aber das erste Jahrzehnt des 20. Jahrhunderts hat einen Umschwung gebracht. Mit Recht gilt jetzt nicht nur das Auffallende, sondern die unverfälschte Natur wieder für wertvoll und in gewissem Sinne für schön. Schon tauchen auch an den Ufern der unteren Mulde Maler und Malerinnen, vor allem aber Wasserfreunde auf, die den Fluss und seine Verzweigungen einzeln im Grönländer [Kajak] oder zu zweit im kleinen Boot befahren und in die geheimsten Schlupfwinkel der Gewässer vordringen, um dort auf dem weichen Wiesenboden des Ufers lagernd oder im flüsternden Schilf zu träumen und die Unrast der Welt zu vergessen ... Denn unsere Muldenlandschaft abwärts von Wurzen, fast völlig frei von industriellen Anlagen, bietet vor allem eins: Stille. Während auf den breiten Landstraßen zu beiden Seiten des Flusses das Automobil dahinfegt, wandert man dicht am Ufer auf meist erlaubten Pfaden in entzückender Einsamkeit. Man genießt dabei den Duft und die Farben einer eigenartigen Pflanzenwelt und freut sich der Erscheinung, des Rufes und der Flugbahn von Vögeln, die anderwärts in Mitteldeutschland nur selten oder gar nicht vorkommen. Dazu kommen der weite, befreiende Horizont, den dunkle Waldlinien umsäumen, und die in freiester Entfaltung der Äste aus dem Boden der Aue emporsteigenden Bäume. Die Eichen, Ulmen und Schwarzpappeln wachsen hier nicht eng zusammengedrängt wie im Walde, unten ästelos und oben schmalwipflig, sondern völlig gesättigt durch die ringsum flutende Fülle von Licht und Luft, gestalten sie sich zu vollkommenen Erscheinungen ihrer Art, so dass die Eiche z. B. hie und da die Umrisse einer dunkelgrünen Riesenkugel erlangt. Indes der schönste Reiz der Gegend sind die wunderbaren Sonnenuntergänge mit ihren zauberhaften Stimmungen und auffallenden Farbenspielen namentlich im Herbst und Winter. Da wird die Luft ganz durchsichtig und reiht im Goldgrunde des Horizonts klare Umrisse von Bäumen und Türmen aneinander, die sonst am Tage ein grauer Schleier bedeckt, und wenn das große rotglühende Auge der Schöpfung unter die Randlinie des Gesichtskreises einzutauchen beginnt, so schießen Fluten roten, violetten, grünen Lichtes wie von unsichtbaren Riesenspiegeln zurückgeworfen nach dem Zenith des Himmels hinauf, gliedern die dichteren Wolken in dunkle Kerngestalten und leuchtende Ränder und durchweben das feinere Gewölk so völlig mit Glanz und Licht, dass es lediglich als farbentragende, in Farbenglut aufgelöste Körperlosigkeit erscheint. Und darunter auf der Erde saugt das Wasser, das eigentlich belebende Element der Gegend, die Himmelsherrlichkeit mit dem Durste des Künstlers in sich ein und gibt sie wonnetrunken wieder: als Diamantengefunkel des Tropfens in der Gräserfalte, als lichtbrechendes Prisma des Schneekristalls am Baume, als goldene Nebel, die sich schweigend von den Fluren lösen, als rotflammende Haut des Tümpels im Wiesenplan, als glutende Feuersäule, die sich langsam im Muldenbett weiterschiebt«.[51]

**Altes Muldentalwanderwegsymbol an der kleinen Lossabrücke vor Eilenburg**

Eilenburg in Sicht: Wasserturm und Gebäude des ehemaligen Celluloidwerkes

Blick von der Eilenburger Stadtbrücke zurück auf die Neue Straßenbrücke der B 87 über die Mulde

Von Kollau aus verläuft der Mulderad-/Wanderweg in dieser stillen Aue zur kleinen Lossabrücke und unterquert danach die Vorlandbrücke der mit blauem Bogen überspannten Muldebrücke der neuen B 87 sowie die Eisenbahnbrücke der Strecke Leipzig–Torgau. Der Wasserturm und das Gebäude des früheren Eilenburger Celluloidwerkes (ECW) geraten in den Blick. Eine Kastanienallee führt zur Ziegelstraße, der alten Torgauer Landstraße, die zur Linken stadteinwärts über die 1999 neu gebaute Muldebrücke mit ihrem Scherfhaus in die Torgauer und Leipziger Straße übergeht, die als Längsachsen die Altstadt bis zur Mühlgrabenbrücke durchziehen.

# Burgberg Eilenburg

Die hier auf dem westlichen Hochufer der Mulde liegende Stadt, genauer gesagt ihre jenseits des Mühlgrabens (einem Altarm der Mulde) ragende, 961 in königlicher Zehntschenkung ans Magdeburger Moritzkloster als »civitas Ilburg« genannte Burg dürfte in der Nachfolge einer slawischen Wallburg etwa zeitgleich mit Burg Püchau errichtet worden sein. Der sogenannte Sorbenturm der »Ilburg« geht auf diese Burgwardzeit zurück. Erster bekannter Burgherr aus wettinischem Geschlecht war Friedrich von Bucici, der in der Chronik des Merseburger Bischofs Thietmar zu 1009 und 1015 als Befehlshaber und Verteidiger der Burg Meißen gegen den Polenherzog Bolesław Chrobry erscheint, erstmals auch Graf von Eilenburg genannt wird und hier auf Eigengut 1017 gestorben ist. Unter seinen Nachfolgern ragt Heinrich von Eilenburg heraus, Markgraf der den Wettinern 1046 zugefallenen Niederlausitz, dem 1089 auch die »marchia Misnensis« durch Kaiser Heinrich IV. zugesprochen wurde (»Heinricus marchio de Ilburch«). Heinrich I. von Eilenburg ist der erste meißnische Markgraf aus wettinischem Hause geworden, was im Jahre 1889 durch das sächsische Königshaus als Geburtsstunde des späteren wettinischen Territorialstaates gefeiert wurde. Die einzelnen Herrscher des am längsten ununterbrochen regierenden deutschen Fürstengeschlechts sind auf dem Monumentalgemälde des Fürstenzuges am Langen Gang des Dresdner Schlosses verewigt, angeführt von Konrad dem Großen, der das Erbe der 1123 erloschenen Eilenburger gräflichen Linie der Wettiner angetreten hat. Das alte Kulturland Sachsen wie das Tal der Burgen im Muldenlauf sind ohne die für das Herrschergeschlecht namengebende Stammburg Wettin hoch über der Saale, ohne die Burg Landsberg, von der die Doppelkapelle erhalten blieb, und den Eilenburger Burgberg schwerlich denkbar.

**Der »Sorbenturm« aus der Zeit um 1200 auf dem Eilenburger Burgberg**

Die von Landsberger Markgrafen auf der Burg Eilenburg eingesetzten landesherrlichen Vögte stiegen als Herren von »Ilburg« zu einem bedeutenden Adelsgeschlecht des Landes auf, hierin den Herren von Colditz und den Schönburgern vergleichbar. Durch große Lehen und Güter in der Lausitz, in Böhmen und Brandenburg entfernten sie sich allmählich von ihrem Stammsitz in Eilenburg und wurden unter dem Namen der Eulenburger eines der namhaftesten ostpreußischen Adelsgeschlechter. Die Burg wurde

Der Burgberg vom Mühlgraben gesehen, dem beim Kollauer Wehr abgezweigten Altarm, der zusammen mit der Mulde die Stadt umschließt

Wappentafel am Amtshaus der Burg

Bergkirche St. Marien vom Eingangstor zur Burg Eilenburg gesehen

1403 Sitz eines wettinischen Amtes; vor dem Amtshaus (um 1700, mit Doppelwappen des Kurfürstentums Sachsen, nach Brand 1993 wieder aufgebaut) und dem Wehrturm des 13. Jahrhunderts öffnet sich von der lange vernachlässigten Burganlage wieder eine Panoramasicht über die Stadt. Beim Verlassen des Burgtores gerät die Bergkirche St. Marien ins Blickfeld, die einen dreigeschossigen reich geschnitzten Renaissancealtar und das Grabmal des in voller Rüstung dargestellten Johann Freiherr von Heideck birgt, zunächst schmalkaldischer, dann kursächsischer Heerführer, der 1554 als Eilenburger Amtshauptmann auf dem Schloss verstorben ist. »Vor dem Berg« heißt die ursprünglich romanische Marienkirche, eine spätgotische Backsteinhalle, wo Martin Luther mehrfach gepredigt hat; das durch Hopfenanbau und Braugewerbe florierende Eilenburg nannte er »eine recht gesegnete Schmalzgrube«.

Im Schutze der Burg entstand aus der auf der Muldeninsel gelegenen Kaufmannssiedlung um die Längsachse der aus Halle und Leipzig kommenden, weiter über Torgau bzw. Belgern ins Schlesische führenden Fernhandelswege wohl bis Anfang des 13. Jahrhunderts eine Planstadt auf elliptischem Grundriss mit gitterförmigem Straßennetz und Straßenmarkt. Seit der Leipziger Teilung der wettinischen Lande von 1485 ernestinisch, wurde Eilenburg eine bedeutende Druckstätte reformatorischer Flugschriften und besonders von Müntzer-Drucken durch Leipziger Drucker, die hierher vor ihrem altgläubigen Herzog Georg ausgewichen sind. Der 1586 in Eilenburg geborene Martin Rinckart war Archidiakon an der Stadtkirche St. Andreas und St. Nikolai, ein unbeirrbarer Gottesmann und religiöser Liederdichter in der schweren Zeit des

Das nach Kriegszerstörung wiederaufgebaute Rathaus und die Stadtkirche St. Andreas und St. Nikolai

30-jährigen Krieges, auch erster Müntzer-Biograf (Gedenktafel an der Stadtkirche). Wohl zur Jahrhundertfeier des Augsburger Religionsfriedens hat er 1630 den Choral »Nun danket alle Gott« geschaffen, der seither zu Taufe, Hochzeit, Erntedank, im evangelischen wie katholischen Gottesdienst gesungen wird. Auch als »Choral von Leuthen« ist er nach dem preußischen Sieg unter König Friedrich II. 1757 angestimmt worden, in Versailles ertönte er 1871 zur Proklamation Wilhelms I. von Preußen zum Deutschen Kaiser wie überhaupt fortan als »Vaterländische Hymne nach siegreicher Schlacht«, jener Choral, der doch als schlichtes »Tischgebet nach dem Essen« gedacht war.[52]

Gedenktafel für den Pfarrer und Liederdichter Martin Rinckart am Eingang der Stadtkirche

Im Pfarrhaus auf dem Berge wurde 1819 der Lieder- und Männerchorkomponist Franz Abt geboren. Ganz anderen Zuschnitts war der seit 1837 in Eilenburg ansässige Arzt und Maschinenbaugründer Anton Bernhardi, der mit Blick für die soziale Misere hiesiger Kattundrucker 1847/48 die Schriften »Der Handarbeiterstand und sein Notstand« und »Über die sozialen Nachteile des gewerblichen Maschinenwesens« verfasste; mit genossenschaftlichen Reformbemühungen suchte er wie zeitgleich Hermann Schulze-Delitzsch der Not Abhilfe zu schaffen.

Am 22./23. April 1945 fiel die Stadtkirche St. Andreas und St. Nikolai (spätgotische Halle 1545) durch amerikanischen Artilleriebeschuss bis auf den Turmstumpf. Mit ihr sanken das gleichzeitig fertiggestellte Renaissance-Rathaus sowie zwei Drittel der durch Kattunfabrikation früh industrialisierten, später vom Celluloid-/Chemiewerk dominierten, im April 1945 zur Festung erklärten Stadt in Schutt und Asche. Tragisch für Eilenburg, denn es wur-

Aussicht vom Burgberg auf Eilenburg zwischen Stadtkirche und Wasserturm

den die letzten Kampfhandlungen der 1. US-Armee am Ende des Zweiten Weltkrieges; am 23. April rollten amerikanische Panzer auf der Leipziger Straße ins völlig zerstörte Zentrum. Nach den Konferenzbeschlüssen von Jalta waren Zwickauer und Vereinigte Mulde als Zonengrenze zwischen der amerikanischen und sowjetischen Besatzungsmacht fixiert. An der Mulde stauten sich die Flüchtlingsströme, sie blieb Grenzfluss bis zum 30. Juni. Im marktnahen Stadtmuseum, ehemals Gasthof »Zum Roten Hirsch« und älteste Ausspanne, später Poststation, einem überaus geschichtsträchtigen Renaissancebau, ist die Historie der Stadt und ihres Wiederaufbaus nachzuvollziehen.

Marktblick zum Stadtmuseum Eilenburg im ehemaligen Gasthof »Zum Roten Hirsch«

# Am »unverbauten Wildwasser« – nach Bad Düben und Löbnitz

Aus der Innenstadt über die Mulde nach Eilenburg-Ost zurück, zweigt der Mulderadweg nach der Muldewiesenbrücke vor der Schwimmhalle nach Mörtitz und Bad Düben ab. Er begleitet ein kurzes Stück ein Gewerbegebiet an der Dübener Landstraße, dann führt er westwärts nach Mörtitz in die östliche Aue zwischen Mulde und Landstraße. Am Färber- und Kuhwerder sowie an weiteren Muldealtwassern entlang – östlich sind in der Ferne Kieswerk und -grube Eilenburg-Sprotta zu sehen –, verläuft er nach Mörtitz hinein, eine Dorflage auf dem Hang des Urstromtales. Nach erlittenen Hochwassern hat sich der Ort offenbar dorthin rückverlagert, während die turmlose Dorfkirche, ein spätromanischer, ursprünglich backsteinerner Saalbau, etwas abgeschieden in der Aue verblieb.

Die wohl flämische Gründung Gruna dagegen, von der nach langem Asphaltweg als erstes der »Wendenturm« sichtbar wird, harrte in der stark gefährdeten Aue in einem großen Muldebogen aus. Die jüngsten Fluten haben Gruna mit Chorturmkirche und Bergfried schwer geschädigt. Die Grunaer Gierseilfähre, bis 1974 als Wagenfähre betrieben, heute die einzige Personenfähre Nordsachsens, hat die Muldeflut 2002 los- und über einen halben Kilometer fortgerissen. Seit 2012 steht vor dem Burghügel mit

Die in der hochwassergefährdeten Muldeaue verbliebene Dorfkirche Mörtitz

Fluss- und Uferlandschaft zwischen Eilenburg und Gruna

Wendenturm, der einstigen Wasserburg der Adelsfamilie Spiegel, einem der ältesten markmeißnischen Geschlechter, eine große Erinnerungstafel an die Jahrhundertflut 2002. Die vollgelaufene Kirche wurde Radfahrerkirche, gehört auch in die Kette der Mitteldeutschen Kirchenstraße mit Eilenburg, Zschepplin, Ober- und Niederglaucha und Bad Düben. Von hier führt der Mulderadweg mittels der Fähre hinüber nach Zschepplin bzw. nach Hohenprießnitz. Östlich von Gruna erstrecken sich weithin die Naturschutzgebiete Grunaer Wald, Presseler Teich, Wildenhainer Bruch und Zadlitzbruch, beide Brüche sind schwer zugängliche Niederungsmoore mit ganz eigener Flora und Fauna.

Am Westufer der Mulde finden sich Mulderad- und Wanderweg wieder vereint vor Hohenprießnitz. Wanderer und Radfahrer bewegen sich fortan im Kernraum eines der letzten noch naturnahen Flüsse in Mitteleuropa, im Naturschutzgebiet »Muldeaue Eilenburg – Bad Düben«. Hier schlängelt sich der Fluss eindrucksvoll, noch erlebbar als »unverbautes Wildwasser«: fast urwüchsig, keine Wehranlagen, kaum befestigte Ufer, 27 Kilometer Flusslänge bei nur 15 Kilometern Luftlinie! Beredtes Zeugnis eines lebenden Flusses:

◈ »Abfließendes Wasser reißt feine Bodenbestandteile mit sich, die anderenorts wieder abgelagert werden, vor allem in den Niederungen der Flüsse als fruchtbare Auenlehme; die Flüsse winden sich mit der Zeit in immer stärker ausgeprägten Mäandern um das von ihnen abgesetzte Sediment herum, ihre Fließgeschwindigkeit verlangsamt sich, und sie deponieren immer feineres Bodenmaterial, das ihre Strömung nicht mehr weitertransportieren kann.«[53]

Wasserburg Gruna mit dem Bergfried »Wendenturm«, rechts die Dorf-, heutige Radfahrerkirche

Blick von der Hohenprießnitzer Seite zu Fähre und Fährhaus Gruna

◈ Nach einem Informationsblatt des Naturschutzbundes Deutschland zeichnet sich der im Bereich der Mittleren Mulde für wassertouristische Nutzung jahreszeitlich eingeschränkte Fluss »durch Abbruchufer an den Prallhängen sowie Kiesinseln und Sandbänke (Heger) an den Gleithängen aus. Treten diese Fließgewässerstrukturen – wie zwischen Pristäblich und Bad Düben – in dichter Folge auf, spricht man auch von Umlagerungsstrecken, d.h. Substrate werden an einer Stelle dem Fluss entnommen, transportiert und an anderer Stelle wieder abgelagert. Diese Vorgänge können nur unter naturnahen Bedingungen ablaufen, also dann, wenn insbesondere die Ufer nicht befestigt sind und der Fluss nicht durch Wehre gestaut ist. Die Auen sind von zahlreichen Altwässern, prächtigen Weidengebüschen und Baumweidenbeständen sowie Resten ehemaliger Hartholzauenwälder geprägt. Ob all das vorhanden ist und wie es sich entwickelt, hängt entscheidend vom Fluss (Überflutung, Grundwasserhaushalt, Nährstofftransport usw.) und von der Nutzung der Aue ab. Der ständige Wechsel ist das entscheidende Charakteristikum der Mittleren Mulde.«
Leitfischart des nach 1990 wieder fischreich gewordenen Flusses ist die Barbe, heimisch wurden Biber und Fischotter, auf den Kieshegern brüten Flussregenpfeifer und an den Steilufern Uferschwalbe und Eisvogel, der bis zu zwei Meter lange Brutröhren gräbt.[54]

Ein Zustandsbild, das der Abschlussbericht zum jüngsten Pilotprojekt Biotopverbund Mittlere Mulde, bezogen auf den Flussabschnitt zwischen Eilenburg und Bad Düben, bestätigt: »Die Mulde hat eine hohe natürliche Fließdynamik, die zur Ausbildung zahlreicher Altwasserarme, Stillgewässer, Tümpel, Inseln, Sandbänke und weiterer Sedimentablagerungen geführt hat. Ein Charakteristikum der Mulde ist die hohe Amplitude der Wasserstände. Während in Niedrigwasserzeiten der Fluss stellenweise zu Fuß durchquert werden kann, können Hochwässer (wie im Extremfall 2002) bis über die Ufer der rezenten Aue hinausreichen und die Altaue überschwemmen ... Verbauungen an und in der Mulde sind vergleichswei-

Die mäandrierende Vereinigte Mulde: 27 Kilometer Flusslänge bei nur 15 Kilometer Luftlinie zwischen Eilenburg und Bad Düben! (Messtischblatt Düben 1874, Ausschnitt)

se gering; so gibt es im Plangebiet keinerlei Querverbauungen und keine Uferbefestigungen. Daraus ergibt sich die Möglichkeit ausgedehnter (oft mehrere Meter pro Jahr) Erosions- und Sedimentationsprozesse. Typische, der Flussdynamik geschuldete Strukturen der Muldeaue sind Sandbänke im Flusslauf (›Inseln‹), Ufersandbänke am Gleithang der Mäanderbögen (›Heger‹) sowie abgeschnittene Mäanderbögen mit Altwässern und den eingeschlossenen Flächen (›Werder‹).«[55]

Die Muldental-Wanderer können von Eilenburg her auf dem hier auch als Lutherweg ausgewiesenen Wanderweg zunächst Schloss Zschepplin aufsuchen, eine Vierflügelanlage der Renaissance, die aus einer mittelalterlichen Burg über der Mulde hervorgegangen ist, mit weitläufigem englischem Landschaftspark. Nur wenige Kilometer nördlich folgt mit Schloss Hohenprießnitz eine barocke Dreiflügelanlage, die wie Schloss Püchau in den Besitz des Leipziger Großhändlers und Erfolgsbürgers Peter Hohmann und seiner Nachkommen gelangte, der weitverzweigten gräflichen Familie von Hohenthal. Ihm ist der Festsaal mit reichen Stuckverzierungen und Deckengemälden der Stukkateur- und Malerfamilie Castelli zu verdanken. Der englische Landschaftsgarten im zur Mulde hin abfallenden Gelände wurde in den 1790er Jahren angelegt. Am Rande des Schlossparks liegt der »Lusthausberg« mit einer mittelalterlichen Abschnittsbefestigung; von der Spitze des Geländesporns bieten sich Blicke auf Mulde und Aue. Vom oberhalb der Grunaer Fähre gelegenen kleinen Parkplatz führt ein Weg alleeartig zum Schloss Hohenprießnitz, ein anderer auf der Kante des steilen Prallhanges entlang. Der Mulderadweg bleibt von der Grunaer Fähre unten am Fluss und verläuft dann asphaltiert nach dem Ortsausgang zwischen Feldern auf Oberglaucha zu, während sich die Fußgänger auf dem Muldental-Wanderweg dorthin näher flusswärts bewegen. Die Mulde fließt in großem östlichem Bogen auf Laußig zu, bevor sie wieder auf den Doppelort Glaucha einschwenkt. Oberglaucha prägen eine kleine spätromanische Saalkirche mit Dachreiter und freistehendem hohem Storchennestpfahl sowie ein langer Dorfanger, dann anliegende alte Muldeschlingen, die man einmal mehr zunächst für die Mulde hält.

Renaissanceschloss Zschepplin und spätromanische Dorfkirche Oberglaucha

Nach Niederglaucha mit voll funktionstüchtiger Bockwindmühle halten sich die Mulderadler auf dem »Junker-von-Zaschnitz-Weg« auf Bad Düben zu, während die Wanderer sich wieder muldenäher am Rande des Naturschutzgebietes bewegen. Vor Bad Düben liegen Wellaune und Schnaditz, beide mit der »Michael Kohlhaas«-Geschichte unlöslich verbunden, wie sie Heinrich von

Schloss Hohenprießnitz, barocke Dreiflügelanlage an der Dorfstraße, hier seitliche Radzufahrt vom Parkplatz oberhalb der Fähre Gruna

Voll funktionstüchtig, die Bockwindmühle in Niederglaucha

Kleist in seiner gleichnamigen Novelle verarbeitet hat. 1532 soll der zur Leipziger Messe reisende, in Wellaune rastende Kleinhändler Michael Kohlhase aus »Cölln an der Spree« hier in Streit geraten sein. Dem dabei als Pferdedieb Verleumdeten behielt Gunther von Zaschnitz auf Burg Schnaditz zwei Pferde ein, was den lange vergeblich sein Recht suchenden Kohlhase letztlich zur Fehde gegen den »Junker« und »das ganze Land Sachsen« getrieben hat. Als die erbitterte Auseinandersetzung auch auf Kurbrandenburg übergriff, wurde sie mit Kohlhases Hinrichtung in Berlin beendet. Ein Gedenkstein vor dem »Kohlhaasenkrug« und Kohlhaas-Festtage erinnern seit 1988 daran wie auch die jüngst rekonstruierte Burg Schnaditz mit ihrem backsteinernen Bergfried. Erst ein kurzes Stück nach dem Schnaditzer Abzweig von der B 2 quert der Mulderadweg die Leipziger Landstraße und verläuft als »Kohlhaasweg« vor Bad Düben westwärts in die Muldeaue.

Die Heide- und Kurstadt Bad Düben auf dem jenseitigen Ufer, Ziel des Muldental-Wanderweges, geriete für die Radfahrer ohne einen Abstecher über die Muldebrücke nur in Sichtweite. Gleich am Ortseingang liegt zur Linken der Burgberg. Im Zugang zur Burg Düben steht das 1992 eröffnete Naturparkhaus Dübener Heide, das sich als Aushängeschild für den gesamten Landschaftsraum der Dübener Heide versteht, der Teile Sachsens und Sachsen-Anhalts umfasst. Die Burg beherbergt seit 1951 das Landschaftsmuseum der Dübener Heide, bietet auch Bezüge zu Michael Kohlhase, insoweit hier die ersten Verhandlungen und sein Gerichtsprozess stattfanden, sowie zu 1813, als Napoleon vor der Leipziger Völker-

Dreigeschossiger Fachwerktorturm als Zugang zur Burganlage Düben und das Amtshaus

schlacht in der Burg Quartier nahm und nach eigenen Worten vom 10. bis 14. Oktober in völliger Ungewissheit über die beabsichtigten preußisch-russischen Truppenbewegungen die schrecklichsten Tage seines Lebens verbrachte.

Im Burggraben liegt seit 1965 eine der letzten vollständig erhaltenen Schiffsmühlen in Deutschland, die einst flussab beim nahen Alaunwerk (16.–19. Jahrhundert) schwamm, mahlte und schrotete. Am Ende des 19. Jahrhunderts sind auf der Mulde zwischen

Die Mulde kurz vor Bad Düben

Das »Rote Ufer« der Mulde vom »Kohlhaasweg« gesehen

Eilenburg und Düben sechs Schiffsmühlen betrieben worden.[56] Das Alaunwerk, in dem aus dem im Tagebau und Schachtbetrieb abgebauten Erdreich im Hüttenhof/Gradierwerk Alaun zum Gerben und Färben sowie für die Pharmazie gewonnen wurde, war zeitweilig das größte Deutschlands. Das seit 1815 preußische Städtchen mit einem nach Stadtbränden um 1720 wiederhergestellten Bauensemble von Rathaus/Alter Post und Apotheke am keilförmigen Markt wurde 1915 staatlich anerkanntes Eisenmoorbad.

Zurück vom Abstecher zu Burg und Stadt Düben, wieder auf dem Mulderadweg. Vom »Kohlhaasweg« ist das hohe »Rote Ufer« der Mulde auszumachen, das ganz prosaisch die Abraumhalden des dort gewonnenen, weltweit für Gerbereien gehandelten Alaunsalzes sind. Wie Schnaditz berührt der Mulderadweg auch das südlichere Tiefensee nicht, einen zu 981 mit »Gezerisca« früh bezeugten Ort. Bei der zeitweiligen Auflösung des Bistums Merseburg ist »Gezerisca« vom Bischof und Chronisten Thietmar zusammen mit weiteren dem Erzbistum Magdeburg zugefallenen Burgen wie Wurzen, Püchau, Eilenburg, Düben, Löbnitz und Pouch genannt worden. Bis über Tiefensee hinaus reichen die südlichen Ausläufer der Dübener Heide: die Prellheide und die Noitzscher Heide mit einst klangvollen Ausflugszielen wie »Grünes Haus« und »Rotes Haus«. Auch das vor Löbnitz nächstliegende Roitzschjora, eigentlich »Roitzsch« und »Jora« (Große und Kleine Sorge genannt), ist vom Radweg allenfalls durch einen ehemaligen Fliegerhorst der Wehrmacht wahrzunehmen, der heute als Verkehrslandeplatz für Segel- und Motorflug vom hiesigen Fliegerklub genutzt wird.

Es ist eine ganz stille Auenlandschaft, in der der Mulderadweg geradlinig nach Westen verläuft, bis er den weit ausholenden Altarm des Flusses, zugleich die Landesgrenze zu Sachsen-Anhalt, zweimal überschreitet. Die Mulde floss hier in einem großen, die Anrainer gefährdenden Bogen, bevor die Aue zwischen Löbnitz und dem jenseitigen Rösa 1866/67 durchstochen und der Fluss begradigt, verkürzt worden ist. Noch bis 1964 hat es vom anhaltischen Rösa her eine Fährverbindung nach Löbnitz gegeben; sogar eine Muldebrücke wird für Löbnitz 1466 beurkundet. Wie Tiefensee ist Löbnitz zu 981 als Burgwardsitz (»urbs Liubanici«) erwähnt worden. 1185 wird ein Herrensitz bezeugt und eine Marktsiedlung ist anzunehmen, da der Meißner Bischof Martin die Handwerker und Gewerbetreibenden des Ortes Halleschem Recht, die Löbnitzer Bauern aber dem Burger Landrecht unterstellte. 1518 »stettlein« genannt, blieben die städtischen Ansätze jedoch letztlich stecken.

Vom 14. Jahrhundert an war die Familie von Schönfeldt hier ansässig, bis zur Bodenreform. Von ihren Rittergütern Löbnitz Schlossteil und Löbnitz Hofteil hat sich nur der zweiflüglige Barockbau von Löbnitz Schlossteil mit Landschaftspark erhalten, 1903 vom reichen wie engagierten Bitterfelder Braunkohlengrubenbesitzer Louis Bauermeister gekauft, indes das Herrenhaus des bis 1945 Schönfeldtschen Gutes Hofteil 1966/67 abgebrochen worden ist. Das Erbe der sozial und in der Pferdezucht engagierten Familie Bauermeister ist in Löbnitz vielerorts zu spüren. Das Vermächtnis derer von Schönfeldt aber findet sich in der mit Renaissance-Ziergiebeln am Querwestturm ausgestatteten Pfarrkirche, die Patronatsloge, Epitaphe, Grabmäler der Familie Schönfeldt und in der Predella des Altars die knienden Stifterfiguren des Hans von Schönfeldt und seiner Frau mit zehn Kindern birgt. Dies alles unter einer Bilderdecke von um 1690, dem eigentlichen Schatz der Kirche und des Ortes. Mit 250 Feldern ist es eine der größten in Deutschland, auf 168 Feldern vermittelt sie biblische Szenen aus dem Alten und Neuen Testament, zeigt Bildnisse der Apostel, Evangelisten, Schriftpropheten, Luthers, Melanchthons und in Orgelnähe von Engeln – ohne Textverweise auf die Bibel, ein den Gläubigen gutvertrautes Bildprogramm.[57]

Großer Bogen der Alten Mulde bei Roitzschjora und Löbnitz. Der heutige begradigte Muldelauf zwischen dem jenseitigen Rösa und Löbnitz entstand nach Mitte des 19. Jahrhunderts nach einem Durchstich.

Der Löbnitzer Herrschaftsfamilie von Schönfeldt entstammten die Schwestern Eva (Ave) und Margarethe, die Ostern 1523 zu den aus Kloster Nimbschen entflohenen Zisterzienser-Nonnen gehörten. In ihre vom altgläubig gebliebenen albertinischen Herzog Georg dem Bärtigen beherrschten heimatlichen Gefilde konnten sie nicht zurück und mussten ihre Versorgung anderswo durch Heiraten finden. An »Eva Schönfeldtin« soll Martin Luther zunächst gedacht haben, bevor er später mit Katharina von Bora die Ehe einging. So ist Löbnitz Station am 2001 von Torgau her über Bad Düben eröffneten Lutherweg, einem 550 Kilometer langen Rundwanderweg in Sachsen, und an der Mitteldeutschen Kirchenstraße wie auch das jenseits der Mulde liegende Rösa.

Seit alters wird Löbnitz von der Mulde, dem Altarmbogen und dem Gelben Wasser geprägt. Durch Kiesgewinnung ist südlich der Ortslage der Mühlfeldsee hinzugekommen, am Westrand durch großflächigen Braunkohlenabbau der nach dem Jahr 2000 aufgehende Seelhausener See – eine über 620 Hektar große Wasserfläche, die nördlich an den Muldestausee, im Nordwesten an den Großen Goitzschesee grenzt. Südwestlich von Löbnitz verläuft der Lober-Leine-Kanal, der zur Wasseraufnahme der beiden Bäche und zur Ableitung in die Mulde Anfang der 1950er Jahre gebaut wurde. Wie der Goitzsche-Rundweg, ein attraktiver Radkurs, begleitet der Kanal das Westufer des Seelhausener Sees bis zur Engstelle am Großen Goitzschesee, um dann vor Pouch in die Mulde geleitet zu werden.

◈ »Auf dem Höhepunkt des Jahrhunderthochwassers im Sommer 2002, als die Muldeflut auch Teile von Löbnitz verheerte (nochmals 2013), musste das hochgefährdete Bitterfeld eine Entlastung des Großen Goitzsche-Sees mit einem Durchbruch zum weniger gefüllten Seelhausener See suchen, was in zwei ›kontrollierten Durchstichen‹ geschah. Die Mulde hatte die Verbindungsstraße nach Pouch weggespült und sich nach Deichbrüchen, auch des Lober-Leine-Kanals, in den Goitzschesee ergossen ...
Als 1985 das Baufeld Rösa des Braunkohlentagebaus ›Goitsche‹ aufgeschlossen wurde, war das 1973 nach Sausedlitz eingemeindete Seelhausen bereits ausgesiedelt, bis 1987 abgebrochen, Flächen 1994 zu Löbnitz geschlagen. Ein Jahrfünft später erfolgte der Stopp für den Braunkohleabbau, und 1999 stieg erstes Wasser im Seelhausener See auf, der sich bis 2004 auf 622 Hektar füllte, schneller durch das Hochwasser von 2002 und die Einspeisung über den Lober-Leine-Kanal. Zu einer schlagartigen Erhöhung des Seespiegels um über sechs Meter (!) kam es bei der Muldeflut von 2013 nach dem Dammbruch zwischen Löbnitz und Pouch.«[58]

Ein Kleinod am Mulderadweg, zugleich Lutherweg und Mitteldeutsche Kirchenstraße: Kirche Löbnitz mit Renaissance-Ziergiebeln und einer der größten Bilderdecken (um 1690) in Deutschland

## Ins nördliche Neuseenland

Ausgangs Löbnitz mäandriert die Mulde nochmals stark, der Radweg führt am Hochwasserdeich entlang bis zu dessen (geschützter) Öffnung nahe dem Lober-Leine-Kanal, an der Kreisgrenze zu Bitterfeld. Noch 40 Kilometer Flusslauf bleiben der Vereinigten Mulde vom Stausee bis zu ihrer Mündung in die Elbe nördlich von Dessau. Ab hier wurde die einst Pouch, Mühlbeck und Friedersdorf westlich umfließende Mulde zwecks Erweiterung des Tagebaues Goitsche auf über zehn Kilometer hin östlich dieser drei Orte in das Restloch des ausgekohlten Tagebaus Muldenstein verlegt. Dessen Flutung erfolgte in den Jahren 1975/76. Durch das Absperrwerk bei Friedersdorf entstand so ein Flussstau, ein Rückhaltebecken, in dem bei Hochwasser zeitweilig bis zu 15 Millionen Kubikmeter Wasser zurückgehalten werden können. Die vor Pouch unter der hohen Straßenbrücke der B 100 einströmende Mulde durchfließt träge den neun Kilometer langen, bis zu 35 Meter tiefen Stausee und lagert in ihm die mitgeführten Schweb- und Sinkstoffe nahezu vollständig ab, zu erkennen an den Sand- und Kiesbänken nach dem Einlaufbauwerk. Der Muldestausee gilt nach langjährigen Untersuchungen als höchst wirkungsvolle Sedimentationsfalle, wegen der mitgeführten, hier absinkenden Schwermetalle als Entlastung für den Unterlauf von unterer Mulde und für mittlere wie untere Elbe bis hin zur Nordsee.[59]

Rechte Seite:
Am Lober-Leine-Kanal vor dessen Einfluss in die Mulde, schon nahe dem Muldestausee

Unten:
Der Lober-Leine-Kanal entlang dem Westufer des Seelhausener Sees

Vor Pouch trifft der Mulderadweg auf die »Mitteldeutsche Straße der Braunkohle«, deren Haupt- und Regionalroute von Gräfenhainichen über Gröbern – Schlaitz bzw. Burgkemnitz – Muldenstein nach Bitterfeld verlaufen, dabei den Muldestausee umfassen und sich in Friedersdorf wieder schließen.[60] Nach dem schwersten Eingriff in den Flusslauf, der hier Mitte vorigen Jahrhunderts wegen der Braunkohlegewinnung erfolgte, findet der hochgradig umweltbelastete, nach 1990 zum Neuseenland werdende alte Kultur- und Industrieraum Bitterfeld-Wolfen zu neuer Identität, mit angestoßen durch das 1989 am Bauhaus Dessau geborene Projekt eines »Industriellen Gartenreichs« Dessau-Wittenberg-Bitterfeld.[61]

Östlich des Muldestausees erstreckt sich im großen Elbe-Mulde-Winkel über sächsisches und sachsen-anhaltisches Gebiet weitflächig der Naturpark Dübener Heide, ein glazial geprägter Raum

Die Straßenbrücke über die Mulde bei Pouch mit der gut erkennbaren Delta- und Inselbildung am Einlauf in den Muldestausee, im Hintergrund der Große Goitzschesee

mit Kiefernforsten und Buchenwäldern. Von der Straßenbrücke über die Mulde zweigt ein Weg zum Stausee hinab, der am Ostufer entlang führt und eine alternative Rad-/Wanderroute ist. Zunächst zur 1975 errichteten »Schachtbaude« (Gaststätte) mit Bergbauzeugen im Gelände des 1951 aufgeschlossenen, dem Bitterfelder Braunkohlerevier zugehörigen, zwei Jahrzehnte lang Kohle fördernden Tagebaus Muldenstein. Am Seerundweg folgen das »Haus am See«, ein 1993 eingerichtetes Informationszentrum für Umwelt und Naturschutz mit von dort ausgehenden Naturlehrpfaden. Vogelschongebiet ist die Westinsel des Stausees, sie gilt als größte binnenländische Brutkolonie der Sturmmöwe in Mitteleuropa.

◈ Schlaitz mit dem seenahen Heide-Camp zählt zu dem Dutzend Dörfern, die sich 2010 zur Einheitsgemeinde »Muldestausee« im äußersten Südosten des Landkreises Anhalt-Bitterfeld zusammengeschlossen haben. Einbezogen ist auch Burgkemnitz, an das der Tagebau Muldenstein heranreichte und wovon die Grüner, Blauer und Roter See genannten Restlöcher zeugen. Durch die Rekultivierung auf den aufgeforsteten Kippenflächen ist ein die Feuchtbiotope »Schlaitzer Tiefkippe« und »Burgkemnitzer Schlauch« umfassendes Naturschutzgebiet entstanden.[62] Ein Naturlehrpfad führt vom »Haus am See« oder vom Ausgang des Stausees nach Burgkemnitz, einem von der Familie von Bodenhausen (Schloss von 1668, Neorenaissance-Südflügel; Park mit »Zyklopenmauer«) geprägten Ort, in dessen erhöht stehender Barockkirche von 1722 unter bemalter Holztonnendecke alljährlich die Burgkemnitzer Kirchenkonzerte stattfinden.

Der Muldestausee, Blick von der Straßenbücke des Auslaufbauwerks auf den Friedersdorfer Bootshafen und die Fischtreppe

Der eigentliche Mulderadweg hält sich am Goitzschesee ein Stück auf dessen 27 Kilometer langem, den Seelhausener See mit einschließendem Rundweg. Auf der Landbrücke liegt das tausendjährige Pouch, zu 981 als »urbs Pauc« vom Merseburger Bischof Thietmar mit fünf weiteren Muldeburgen als Burgwardsitz genannt. Der backsteinerne Rote Turm ist mittelalterliches Wahrzeichen der stadtähnlichen Siedlung Pouch, die mit dem Erbe der 1422 aussterbenden Askanier an die Wettiner fiel. Diese belehnten 1451 die Brüder (von) Rabiel mit Pouch, die die Herrschaft in Alt- und Neupouch teilten. Altpouch mit Friedersdorf gelangte 1456 an die Herren von Ammendorf und 1519 an den hessischen Reichsgrafen Philipp von Solms-Lich.[63] Nach dessen Kauf der Herrschaft Sonnewalde 1537 wurde das Rittergut Pouch diesem standesherrschaftlichen Besitz angeschlossen und verblieb bis 1945 bei denen von Solms-Sonnewalde (zweiflügliges Schloss, 18. Jahrhundert).

1815 fiel das zum kursächsischen Amt Bitterfeld gehörende Pouch an Preußen und wurde dem Kreis Bitterfeld im neugeschaffenen Regierungsbezirk Merseburg der Provinz Sachsen eingegliedert. Diese wurde 1945 mit dem Land Anhalt zur Provinz Sachsen-Anhalt vereinigt und mit Auflösung des preußischen Staates 1947 in Land Sachsen-Anhalt umbenannt. Das in die Einheitsgemeinde »Muldestausee« integrierte Pouch ist bekannt geworden durch die seit 1953 hier gefertigten Faltboote.

Großer Goitzschesee mit der »Wasserfront Bitterfeld« (oben), vorn der Seelhausener See, rechts der Muldeeinlauf in den Stausee und Pouch auf der Landbrücke, dahinter Mühlbeck-Friedersdorf

Weit hinein in den Großen Goitzschesee ragt die Halbinsel Pouch, auf der in den 1990er Jahren mit der »KulturLandschaft Goitzsche« das Landschaftskunstwerk »Agora-Park« als Teil der »Wasserfront Bitterfeld« mit Pegelturm und Seebrücke entstanden ist. Danach zweigt der Mulderadweg ab, nach Mühlbeck hinein, wo sich am langgestreckten Dorfplatz mit der spätromanischen Feldsteinkirche (Ostturm, spätgotischer Flügelaltar) eine ganze Reihe Antiquariate und buchverwandte Handwerke in nicht mehr genutzten Gebäuden wie Grundschule, Pfarre, Konsum, Schmiede und Bäckerei angesiedelt haben. In Mühlbeck ist (gemeinsam mit Friedersdorf) das erste deutsche Buchdorf 1997 gegründet worden. Wo die südliche Ortslage Friedersdorf in ihren nördlichen Teil übergeht, trifft der Radweg auf das Absperr- und Auslaufbauwerk des Muldestausees, eine 19 Meter hohe, 303 Meter lange Gewichtsstaumauer – zur Rechten Muldestausee, Fischtreppe und kleiner Bootshafen, zur Linken die wieder ins Flussbett auslaufende Mulde. Westlich von Friedersdorf haben sich Flussschlingen vom Altlauf der durch den Braunkohlenabbau verlegten Mulde erhalten.

Unmittelbar nach der Staubrücke zweigt der Mulderadweg nach Westen in die »Kraftwerkstraße« ab und hält sich entlang der 1859 eröffneten Bahnstrecke Leipzig–Bitterfeld–Wittenberg. Obwohl

noch auf Flur Friedersdorf gelegen, wurde das hier 1912 erbaute, mit Braunkohle befeuerte Bahnkraftwerk »Muldenstein« genannt. Es stellte den Bahnstrom für die Elektrifizierung des mitteldeutschen Bahnnetzes Dessau–Bitterfeld, späterhin bis Leipzig, bereit und wurde nach Unterbrechungen durch Ersten Weltkrieg sowie Demontage und Reparationsleistung für die Sowjetunion (1952 wurden die z.T. noch original verpackten Anlagen zurückgegeben) wieder erneuert und bis 1994 betrieben. Die drei Werksschornsteine, eine Landmarke dieses Industrie- und Kohleraumes, sind 2011 gesprengt worden. Als musealer Zeuge steht an der Bahnhofstraße eine feuerlose Dampflokomotive des Baujahrs 1955, die bis 1993 im Reichsbahnkraftwerk Muldenstein in Betrieb war.

Nach der Unterquerung der Eisenbahnstrecke Halle–Berlin verläuft ein abwechslungsreich trassierter Radweg am Fuße des 117 Meter hohen bewaldeten Steinbergs (mit Trinkwasser-Hochbehälter, 1952). Dort ist Quarzporphyr abgebaut worden. Tonlager am Hang haben Ziegeleien ermöglicht, so die 1864 vom Gutsbesitzer Arno Meisel errichteten »Muldensteiner Werke«, die bis um 1960 Säureklinker fertigten. Auch Braunkohle ist seit etwa 1860 in der Muldensteiner Grube »Lutherslinde« industriemäßig abgebaut worden.

Landschaftskunstwerk Halbinsel Pouch mit der »Agora«

Linke Seite, unten: Spätromanische Feldsteinkirche Mühlbeck

Unten: eines der Antiquariate im Buchdorf Mühlbeck

Absperr-/Auslaufbauwerk Muldestausee, Brücke von Friedersdorf nach Muldenstein

Eingangstor in den ehemaligen Kloster-/Gutsbereich Muldenstein

Rechte Seite: Klosterkirche und Herrenhaus Muldenstein

Der Radweg führt vorbei an »Meisels Grab«, der Ruhestätte der Muldensteiner Rittergutsfamilie. Sie wurde 1905 hierher in den Auewald verlegt, nachdem ihr auf dem Gutsgelände (»Zur Luther Linde«) eingerichteter Begräbnisplatz Anschlussgleisen der Papierfabrik weichen musste. Heute breitet sich dort ein Solarpark um eine noch eindrucksvolle Fabrikruine aus, Zeuge einer der größten Papierfabriken in Mitteldeutschland, die durch die Fabrikantenfamilie Bretschneider aus Wolfsgrün im Erzgebirge 1907 aufgebaut und bis 1943 mit zeitweilig bis zu 500 Arbeitern betrieben wurde. In ihre Hallen zogen die »kriegswichtigeren« Junkers Flugzeug- und Motorenwerke ein (mit Sitz in Dessau), die hier nach der Mitte der 1930er Jahre eines ihrer mitteldeutschen Zweigwerke zur Fertigung von Flugzeugmotoren einrichteten, die »Muldwerke AG«, wo Stahltriebwerke für die JU 287 hergestellt wurden, zuletzt unter Einsatz von über 3000 Zwangsarbeitern und Kriegsgefangenen.

Muldenstein war als »Stein-Laussigk« ein wüstgefallenes Dorf, seit 1455 denen von Ammendorf gehörig, einem Adelsgeschlecht vom gleichnamigen Stammort bei Halle, das bei der am Prallhang der Mulde gelegenen romanischen Feldsteinkirche ein Franziskanerkloster stiftete und von Papst Sixtus IV. 1476 die Bestätigung erhielt. Die Franziskanermönche wirkten in weitem Städteumkreis. Ihr Klostervorsteher Johannes Fleck hielt die Weihe- und Festpredigt bei der Gründung der Wittenberger Universität 1502 und wurde ein Parteigänger Martin Luthers. Aus dem nach 1530 aufgegebenen Kloster ging ein Rittergut hervor, mit einem der Klosterkirche angebauten Herrenhaus (heute Soziokulturelles Zentrum). Das Rittergut des vor 1600 in Muldenstein umbenannten Ortes befand sich über das 18. Jahrhundert hin im Besitz derer von Pfuel und gelangte dann in bürgerliche Hand, so an die Familie Meisel. An der heutigen Dorfkirche, deren nach einer Erweiterung mittig stehender Turm als Wochenstubenquartier des Großen Mausohrs, einer weit verbreiteten Kirchenfledermaus, dient, erinnern zwei Mahlsteine an die Muldensteiner Papierfabrikation.

Die Mulde fließt von Muldenstein nordwestlich nach Roßdorf und Jeßnitz, der Mulderadweg aber biegt südwestlich in die Greppiner Aue ab, um dann nach Norden durch den Salegaster Forst auf Jeßnitz zuzulaufen.

# Das untere Muldetal

Am Eingang von Muldenstein, noch vor der alten Kloster-, späteren Rittergutsanlage, zweigt der Mulderadweg von der Friedersdorfer Straße auf die Straße »Zur Luther Linde« nach Westen ab und schneidet den großen Muldebogen. Beim Altwehr wechselt er auf einer Holzbrücke auf die Westseite des Flusses und trifft erst in Jeßnitz wieder auf die Mulde. Das Naturschutzgebiet (NSG) »Unteres Muldetal« erstreckt sich hier westlich vom nordwärts strömenden Fluss bis nach Dessau. »Der Muldelauf ist zwar über weite Strecken eingedeicht, jedoch wurde dieses System so angelegt, dass das natürliche Flussbett weitgehend erhalten blieb und der Fluss bei starkem Hochwasser große Flächen des zwar genutzten, aber für den Hochwasserabfluss noch verfügbaren Talraums einnehmen kann. Damit blieb auch das mäandrierende, naturbelassene Gewässerbett im Fließverlauf überwiegend bestehen.«[64]

◈ NSG »Untere Mulde« meint den Landschaftsraum vom Steinberg flussab bis zur Muldemündung. Ähnlich der Mittleren Mulde zwischen Wurzen und Düben ist »in diesem Abschnitt der Muldelauf naturnah. Variierende Fließgeschwindigkeiten, tiefe Auskolkungen und flache Gewässerbereiche, steile Uferabbrüche, Kies- und Sandbänke, Sturzbäume und Totholz, Nebenläufe und Stillwasserbereiche kennzeichnen die Vielfalt der Lebensräume des Fließgewässers ... Im NSG befinden sich etwa zwölf

Leine-Durchstich in der Greppiner Aue

Brücke am Altwehr des großen Muldebogens bei Muldenstein

Reviere des Elbebibers ... Bisher wurden insgesamt 147 Vogelarten nachgewiesen. Davon sind 88 Arten Brutvögel. Weitere 23 Arten erscheinen im Talraum als Nahrungsgäste. Als Durchzügler oder Wintergäste besuchen 31 Arten das NSG. Regelmäßige Brutvögel lichter Baumreihen entlang der Mulde oder in Auenwäldern sind Mäusebussard, Rot- und Schwarzmilan ... An Steilufern der Mulde bestehen mehrere Kolonien der Uferschwalben mit mehr als 600 Brutpaaren. Auch brütet dort der Eisvogel. Fast jede Sandbank ist von einem Paar Flussregenpfeifer besetzt.«[65]

In der weiten Greppiner Aue wird der Leine-Durchstich (von der Alten Leine zur großen Muldeschleife) überbrückt, und mit Wolfen in Blickweite hält sich der Mulderadweg rechts auf den Salegaster Forst zu. Dort verläuft er zwischen Lobberbad und Schlangengraben, der sich tief eingeschnitten durch den kolkreichen Forst windet. Es ist ein vernässter, häufig überfluteter Hartholzauenwald (Naturschutzgebiet), der seinen Namen von dem 1285 bezeugten Ort Salegast bezog. Nach Aussterben derer von Salegast im 15. Jahrhundert ist die Siedlung wohl wegen ständiger Hochwasser in der frühen Neuzeit aufgegeben worden; an der mächtigen Eiche beim ehemaligen Forsthaus vermittelt eine Hochwassermarke von 2002 (in ca. zwei Metern Höhe) eine Vorstellung davon. Von der einstigen Siedlung am Schlangenberg zeugen dort, wo der Schlangengraben und das Spittelwasser, ein Altarm der Mulde, zusammenfließen, die Kirchenruine (Inschrift am Mauerfuß: »Hier wird nicht mehr gesungen, die Lieder sind verklungen«) und ein Baumdenkmal gegenüber dem Forsthaus, die sogenannte Conradi-Linde, die auf 1660 zurückgehen soll. Sie erinnert an den 1862 in Jeßnitz (Leopoldstr. 8) geborenen Dichter Hermann Conradi, einen frühen Vertreter des deutschen Naturalismus. In seinem »Credo« zur Anthologie »Moderne Dichtercharaktere« (1885) rechnete Conradi mit der oberflächlichen Dichtung seiner Zeit ab und setzte sich für eine wirklichkeitszugewandte Literatur ein; 1887/88 erschienen in Leipzig seine provozierend antibürgerlichen »Lieder eines Sünders« und der Roman »Adam Mensch«.

Kirchenruine im Salegaster Forst

Der Mulderadweg führt in das von Spittelwasser bzw. Östlicher Fuhne und Mulde umschlossene, 1263 von den Magdeburger Erzbischöfen auf die anhaltischen Fürsten übergegangene, heute mit Raguhn vereinigte Städtchen Jeßnitz/Anhalt. Die um St. Marien (neugotischer Backsteinbau von 1871) gelegene Altstadt befindet sich in Insellage und wurde 2002 nach Deichbrüchen nahezu vollständig überflutet. Der geteilte Fluss wird doppelt überbrückt, bei der einst mit Mühlengewerbe und Industrie besetzten Muldeinsel

Sogenanntes Pulverhäuschen zwischen Jeßnitz und Altjeßnitz

liegen im Hauptstrom Wehr, Fischaufstiegs- und Wasserkraftanlage Jeßnitz. Jenseits davon verläuft der Radweg auf der »Straße nach Altjeßnitz« an einem mitten im Feld stehenden kleinen Speicher vorbei. Es ist ein Bruchsteinbau des ausgehenden 18. Jahrhunderts, wohl ein Pulverhäuschen, dessen Vorräte bei starkem Muldeeisgang und Brückengefährdung zum Sprengen eingesetzt worden sind. Eine zweite dortige Informationstafel gilt der Fuhne, auch Landgraben genannt, wo sie Grenze zwischen dem Herzog-/Fürstentum Anhalt und wettinischem Gebiet/Kursachsen bzw. später Preußen war. Sie verweist auf das Bifurkation genannte Phänomen, wonach die Fuhne aus ihrem auf der Wasserscheide gelegenen Quellgebiet bei Salzfurtkapelle geteilt nach Westen und Osten fließt, bei Bernburg in die Saale und hier vor Jeßnitz als Östliche Fuhne ins Spittelwasser und hinter Raguhn in die Mulde mündet. Von Mündung zu Mündung misst die Fuhne knapp 60 Kilometer.

Die Burg Altjeßnitz gehörte seit dem 11. Jahrhundert als nördlichster Ort zur Grafschaft Brehna, dem Sitz einer 1290 aussterbenden wettinischen Nebenlinie, danach zum askanischen Herzogtum Sachsen-Wittenberg. Kirchlich bildete Altjeßnitz den nordwestlichen Zipfel des Bistums Meißen. Bis 1694 befand sich der Ort in der Hand der Familie von Reppichau, deren bekanntester Vertreter Eike von Repgow geworden ist, der Verfasser des »Sachsenspiegels«, des ersten Rechtsbuches im deutschen Raum. Den Besitz erwarb Hans Adam Freiherr von Ende, der das Rittergut 1696 zum Fideikommiss umbildete, d.h. seinem Geschlecht durch testamentari-

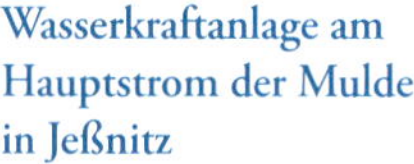

Wasserkraftanlage am Hauptstrom der Mulde in Jeßnitz

Glockenturm des Gutes, Dorfkirche, Ceres-Skulptur am Eingang des Irrgartens Altjeßnitz und Gartenanlage gesamt

sche Verfügung den ungeteilten Erhalt sicherte, tatsächlich bis zur Aufteilung auf 22 Neubauernstellen durch die Bodenreform 1945. Mit dem Schlossbau ab 1699 schuf er einen stattlichen Landsitz (Seitenflügel 1737, Schloss 1946 brandzerstört; Gutsgebäude mit Glockenturm und Sonnenuhr über der Hofeinfahrt erhalten), zu dem die Adelsfamilie noch vor der Mitte des 18. Jahrhunderts den Irrgarten Altjeßnitz in der Muldeaue anlegen ließ. Es ist der älteste und größte unter den erhaltenen barocken Hecken-Irrgärten in Deutschland und zählt heute zu den »Gartenträumen – Historische Parks in Sachsen-Anhalt«. Über zwei Meter hohe Hain-

Blick von der Libehnaer Muldebrücke

buchen-Hecken bilden im Irrgarten Wege mit einer Gesamtlänge von 1230 Metern, etwa 400 Meter beträgt der kürzeste Weg zur mittigen Aussichtsplattform, von der aus die gesamte Gartenanlage mit der kleinen romanischen Feldsteinkirche (Wandmalereien in der Apsiskuppel um 1200) überblickt werden kann.

Im nächsten Ort Kleckewitz können, vom Mulderadweg westwärts abzweigend, die Brücken über die Hauptmulde und ihren westlichen Arm Libehnaer Mulde zu Abstechern nach Raguhn und Priorau genutzt werden. Die Altstadt Raguhn befindet sich in Insellage, ist stark hochwassergefährdet (Neubauten der Schlossbrücke und Libehnaer Muldebrücke nach dem Hochwasser 2002; Strombrücke mit Wehr, Fischaufstiegs- und Wasserkraftanlage). Bekannt geworden ist Raguhn durch »Libehna Fruchtsäfte«, ein auf 1876 zurückgehendes Familienunternehmen. Das 1285 unter anhaltischer Landesherrschaft stehende Städtchen, dem eine südlich der Schlossbrücke bezeugte Burg »Lippene« vorausgegangen ist, wo anhaltische Fürsten schon im 13. Jahrhundert urkundeten, könnte in Konkurrenz zum nahen bischöflich-magdeburgisch gegründeten Jeßnitz entstanden sein. Die wüst gefallene Burg Lippehne ist 1546 für die fürstliche Herrschaft Dessau als Schloss hergerichtet und als kleines Amt mit dem Amt Dessau verschmolzen worden. Aus diesem Amt Dessau-Lippehne hat sich eine seltene anhaltische Rechtsquelle erhalten, ein Urteilsbuch der Dessauer Kanzlei für die Jahre 1542–1584.[66]

Raguhn, Muldewehr und Wasserkraftanlage

Priorau ist vom Ende der Raguhner Gartenstraße vor dem Bahndamm auf dem nördlich verlaufenden Muldeauenweg zu erreichen. Es ist eine schöne alternative Radroute westlich der Mulde bis nach Dessau, entlang an einer die Muldeaue begrenzenden Hangkante. Priorau ist der Hauptort einer die Dörfer Schierau und Möst einschließenden Enklave im Anhaltischen. Erst 1797 vermochte das Haus Anhalt-Dessau diese seit um 1500 kursächsischen Dörfer und Rittergüter zu kaufen. Deren Verwaltung, meist die Forste betreffend, wurde nach Priorau gezogen, wo der am Zesenplatz bei der Kirche gelegene Gutshof 1870 erweitert und das Herrenhaus durch Friedrich III. Herzog von Anhalt 1906 im Jugendstil umgebaut worden ist.

**Gutshaus Priorau und Zesen-Gedenkstein am Weg nach Schierau**

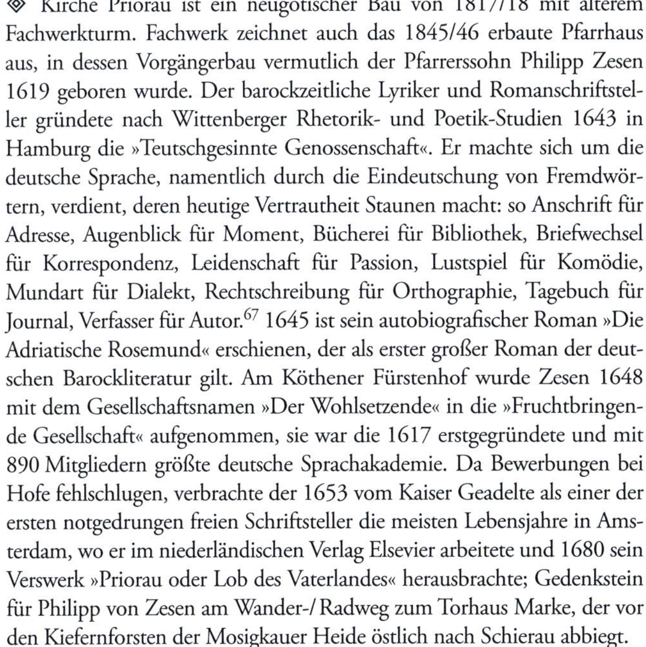

◈ Kirche Priorau ist ein neugotischer Bau von 1817/18 mit älterem Fachwerkturm. Fachwerk zeichnet auch das 1845/46 erbaute Pfarrhaus aus, in dessen Vorgängerbau vermutlich der Pfarrerssohn Philipp Zesen 1619 geboren wurde. Der barockzeitliche Lyriker und Romanschriftsteller gründete nach Wittenberger Rhetorik- und Poetik-Studien 1643 in Hamburg die »Teutschgesinnte Genossenschaft«. Er machte sich um die deutsche Sprache, namentlich durch die Eindeutschung von Fremdwörtern, verdient, deren heutige Vertrautheit Staunen macht: so Anschrift für Adresse, Augenblick für Moment, Bücherei für Bibliothek, Briefwechsel für Korrespondenz, Leidenschaft für Passion, Lustspiel für Komödie, Mundart für Dialekt, Rechtschreibung für Orthographie, Tagebuch für Journal, Verfasser für Autor.[67] 1645 ist sein autobiografischer Roman »Die Adriatische Rosemund« erschienen, der als erster großer Roman der deutschen Barockliteratur gilt. Am Köthener Fürstenhof wurde Zesen 1648 mit dem Gesellschaftsnamen »Der Wohlsetzende« in die »Fruchtbringende Gesellschaft« aufgenommen, sie war die 1617 erstgegründete und mit 890 Mitgliedern größte deutsche Sprachakademie. Da Bewerbungen bei Hofe fehlschlugen, verbrachte der 1653 vom Kaiser Geadelte als einer der ersten notgedrungen freien Schriftsteller die meisten Lebensjahre in Amsterdam, wo er im niederländischen Verlag Elsevier arbeitete und 1680 sein Verswerk »Priorau oder Lob des Vaterlandes« herausbrachte; Gedenkstein für Philipp von Zesen am Wander-/Radweg zum Torhaus Marke, der vor den Kiefernforsten der Mosigkauer Heide östlich nach Schierau abbiegt.

Von Schierau künden die Renaissancegiebel des Kirchturms in die Aue; das Kirchendach des frühbarocken Backsteinbaues von 1668 ist eingestürzt, doch der denkmalgeschützte Turm saniert. Bei der Domäne Schierau sind östlich der Muldealtwasser sorbische Burg-

Kirchenruine Schierau

Stele im Biosphärenreservat »Flusslandschaft Elbe« mit dem zugehörigen linksmuldischen Gebiet, hier vor Niesau

wälle nachgewiesen worden. Unweit davon steht am Weg nach Niesau eine Stele, die das linksmuldische Gebiet als zum Biosphärenreservat »Flusslandschaft Elbe« und UNESCO-Weltkulturerbe Dessau-Wörlitzer Gartenreich gehörig ausweist. Niesau ist eine von der Stillinge, einer alten Muldeschlinge, umschlossene kleine, zudem junge Siedlung. Fürst Leopold I. von Anhalt-Dessau hat ihre Gründung 1713 dekretiert, mit 20 Hofstellen und einem zu betreibenden Fährkahn hinüber nach Sollnitz; der Fährbetrieb lief bis Ende der 1950er Jahre. Durch die enge Nachbarschaft zur unruhigen Mulde mit ihren ständigen Laufänderungen wurde Niesau häufig von Hochwassern heimgesucht. Davon zeugt auch das Alte Wasser, an dem entlang der Auenweg nordwestlich auf Dessau-Törten zuhält. Über den Kolkweg ist Möst zu erreichen, mit dem sich das NSG »Möster Birken« verbindet, welches 1926 als »Birkenhain nördlich der Möster Wiesen« als erstes im Bitterfelder Raum unter Schutz gestellt worden ist.[68] Sie liegen auf dem pleistozänen Prallhang der Mulde und sind Teil der Mosigkauer Heide.

Von Möst führt die gleichnamige Landstraße in den Stadtteil Törten. An dessen Eingang steht die vom Kloster Nienburg, einer mächtigen Benediktinerabtei an der Mündung der Bode in die Saale, angelegte wohl älteste Dessauer Kirche, nach Kriegszerstörung 1945 wieder aufgebaut. Über »Stadtweg« und »Damaschkestraße« ist die nach Plänen von Walter Gropius 1926–28 errichtete Bauhaus-Siedlung, eigentlich Reichsheimstättensiedlung Dessau-Süd genannt, zu erreichen. Das als Versorgungszentrum entstandene Konsumgebäude (Am Dreieck 1) bietet Ausstellungen zum Bauhaus und Architekturführungen durch die mit über 300 Einfamilien-Zeilenhäusern und Nutzgärten unter Licht-Luft-Sonne-Anspruch im Auftrag der Stadt Dessau angelegte Siedlung, ein Testfeld industriellen Bauens für preiswerten Wohnraum. Gropius' Nachfolger als Bauhausdirektor, der Schweizer Architekt Hannes Meyer, hat sie 1930 um Laubenganghäuser in der Peterholzstraße erweitert. Die bis 1926 erbauten sogenannten Meisterhäuser und das Gropius-Wohnhaus in Dessau (Ebertstraße) sind seit 2014 wieder zugänglich. 1996 wurden sie zusammen mit dem von Gropius entworfenen Bauhausgebäude in der Gropiusstraße (Sitz der Stiftung Bauhaus Dessau) und den Bauhausstätten in Weimar und Bernau zum UNESCO-Weltkulturerbe erklärt.

Am Nordostrand der Talsandinsel Törten, beim Kreuzbergheger, hat es einen wichtigen Muldeübergang des Klosters Nienburg zu seinen rechtsmuldischen Besitzungen gegeben. Er führte vom

Dessau-Törten, Blick vom Konsumgebäude auf die Bauhaus-Reihenhäuser am Nordwege

945 genannten Burgwardhauptort Stene (wüst gefallen) nach Pötnitz, dem rechtsmuldisch wichtigsten Besitztum von Kloster Nienburg und Siedlungskern des heutigen Mildensee. Stene lag im äußersten Nordosten von »Serimunt«, eines von Saale, Fuhne, Mulde und Elbe umgrenzten sorbischen Gaus, in dem ab dem 10. Jahrhundert die Askanier Herrschaftsrechte gewannen; die Gaugrafschaft Serimunt wurde zum Kernraum des späteren Herzogtums Anhalt.

Die Bauhaussiedlung Törten lässt sich auch vom Mulderadweg nach Kleutsch ansteuern (siehe S. 130). Die Stadt Dessau aber, 1213 ersterwähnt, im Elbe-Mulde-Winkel beidseitig der Mulde gelegen, Residenz des Fürsten-, späteren Herzogtums Anhalt-Dessau, seit 1918 Hauptstadt des Freistaates Anhalt, seit 1935 durch Eingemeindung von Roßlau (nochmals 2007) junge Großstadt im heutigen Land Sachsen-Anhalt, kann in einem Muldeführer wie dem vorliegenden nicht miterfasst werden, ebenso nicht die von der Mulde weiter abgelegenen Städte Wörlitz und Oranienbaum, so zusammengehörig sie auch mit Dessau-Roßlau sind. Der Fürst-Franz-Weg als 70 Kilometer langer Rundkurs durch das Dessau-Wörlitzer Gartenreich, im Norden auf dem Elbdamm und im Süden mit dem Muldeübergang bei Kleutsch, bietet sich dafür als eigenständiges Erlebnis an.

# Ins Dessauer Gartenreich

Der eigentliche Mulderadweg bleibt nach Kleckewitz, von wo alternativ die linksmuldische Route nach Dessau angeboten wurde (siehe S. 124), weiter östlich der Mulde und ihrer Altschlingen. Durch offene Flur wird Retzau bei der einstigen Domäne erreicht und die Fürst-Franz-Straße genannte Retzauer Dorfstraße kündet von der geistig wie ökonomisch weit in das kleine Land (700 Quadratkilometer, knapp 35 000 Einwohner) greifenden Wirkung des aufgeklärten Fürsten, später Herzogs von Anhalt-Dessau (Leopold III. Friedrich Franz, auch »Vater Franz« genannt, Regentschaft 1758–1817). Von seinem Großvater Leopold I., dem »Alten Dessauer«, der nach 1706 binnen eines Jahrzehnts nahezu alle anhaltischen Adelsgüter erworben und begonnen hatte, das Land einzudeichen, übernahm er ein »Land ohne Adel« mit mehrheitlich landesherrlichen Agrarflächen, das er von Domänen (fürstlichen Kammergütern/Ämtern) bewirtschaften und durch fortschrittliche Mustergüter voranbringen ließ. Nur vier Städte gehörten zu dem Kleinstaat, außer den linksmuldischen Jeßnitz und Raguhn Dessau und Oranienbaum.

◈ Nördlich von Retzau geht es ein Stück Feldweg bis zur Stillinge, einem an der Unteren Mulde anzutreffenden Namen für alte Gewässerarme, danach in den Schillingbusch, einen auf der Straße nach Sollnitz schnurgerade zu durchfahrenden Forst, aus dem der Mühlbach zufließt. An Sollnitz und seinen Seen entlang fließt er durch Auenwald nach Kleutsch, wo ihn noch vor der Autobahnbrücke die Mulde aufnimmt. Dorthin verläuft durch die Kleutscher Aue ein zu empfehlender Wander-/Radweg, zumal der offizielle Mulderadweg hier nur die Straße nach Mildensee bis zum Schwarzen Stamm anzubieten hat. Östlich dieser Landstraße dehnen sich die Oranienbaumer Heide und der gleichnamige Forst. Die »Mittlere Oranienbaumer Heide«, ein von Kiefernwald umstandenes Offenland, lange militärisch genutzt, ist Naturschutzgebiet. An der Straße von Oranienbaum nach Dessau liegt das Kapenschlößchen/Auenhaus, ein Informationszentrum zum Biosphärenreservat »Mittelelbe«, Teil des 1997 durch die UNESCO anerkannten Biosphärenreservats Flusslandschaft Elbe.
Zwischen Sollnitz und Kleutsch »erstreckt sich die Kleutscher Aue mit charakteristischen Merkmalen des Muldeunterlaufes. Bei dem geringen Gefälle ... hat die Strommulde hier weitgeschwungene Mäander gebildet, von denen einzelne Bogen als Altwasser erhalten sind. Außerdem trifft man in der Aue auf unterschiedlich eingetiefte Flutrinnen ... Durch die Sedi-

Der westliche der beiden Sollnitzseen

Muldealtwasser in der Kleutscher Aue

mentation während der Hochfluten werden einmündende Nebenbäche abgedrängt in Auen mit geringem Gefälle, so daß sie, wie der Sollnitzer Mühlbach, auf einer längeren Strecke am Auenrand parallel zum Hauptstrom verlaufen.«[69] Die Kleutscher Aue mit ihrem Eschen-Ulmen-Bestand gehört wie die Muldeauenwälder zum Naturschutzgebiet Untere Mulde.

Die Mulde ist im frühen Dessau-Bitterfelder Raum Grenzfluss gewesen. Militärischen Schutz gegen die elbslawischen Gebiete im Osten boten dem westlichen Altsiedelland Burgwarde entlang dem Muldelauf wie die Grenzburgen Pouch und Altjeßnitz. Hier waren es Sollnitz/»Selnice« und Kleutsch/»Cluze«, die im 11./12. Jahrhundert in königlichen Schenkungen und als Besitz des Klosters

Trafoturm Kleutsch als Vogelunterschlupf und Brutplatz

Nienburg erscheinen. Die beiden beurkundeten Orte bezeichneten aber wohl nur einen (zeitlich verlagerten) Burgward, zu dem 15 weitere Dörfer des hier landesherrlich kolonisierenden Klosters gehörten. In harten Auseinandersetzungen mit den Dessauer Fürsten hat Kloster Nienburg seine rechtsmuldischen Besitzungen wieder verloren, Sollnitz wurde 1494 ein fürstliches Dorf genannt, indes Kleutsch wüst lag. Im 17. Jahrhundert gehörten die beiden Dörfer zusammen mit Retzau zum Witwensitz der aus dem Hause Nassau-Oranien stammenden Fürstin Henriette Catharina in Nichtwitz, dem späteren Oranienbaum, eine Stadt- und Schlossanlage im holländischen Stil.

Nach Kleutsch unterschreitet der Mulderadweg dort, wo die Mulde den Mühlbach aufnimmt, die Autobahnbrücke der A9. Gleich dahinter folgt eine Muldebrücke für Radfahrer / Wanderer, die so auch von der rechtsmuldisch verlaufenden Hauptroute nach Dessau-Törten gelangen können (siehe S. 126 f.). Durch den sogenannten Entenfang mit dem Feuchtgebiet »Halber Mond« führt der Mulderadweg in den Hinteren Tiergarten von Dessau, wo sich Abzweige nach Mildensee anbieten, der erste auf dem Fürst-Franz-Radweg. Der Ortsname kündet von der Nähe zur Mulde (»Milda«) und der Lage an einem ihrer großen Altarme. Graf Heinrich von Ascharien, der sich 1215 Fürst in Anhalt nannte, soll hier als Vogt des Klosters Nienburg dreimal jährlich Gericht für alle Dörfer des Bezirks gehalten haben.[70] Einer von drei Siedlungskernen war Pötnitz, dessen Kirche, ein spätromanischer Backsteinbau um 1180, am Ortseingang steht. Ihren weithin sichtbaren Vierungsturm ließ Fürst Franz seinen Hofbaumeister Carlo Ignazio Pozzi neugotisch

Der Muldeübergang für Radfahrer / Wanderer an der Autobahnbrücke hinter Kleutsch, der nach Dessau-Törten hinüberbringt bzw. aus dem Linksmuldischen wieder auf den Mulderadweg zurückführt

Dessau-Mildensee, ehemalige Konventskirche Pötnitz und »Turm der acht Winde«

aufführen. Der im 14. Jahrhundert 20 Kirchen umfassende rechtsmuldische Pfarrbezirk der Pötnitzer Kirche (ehemals Konventskirche) reichte südlich bis Kleckewitz. Ein Grabstein an der Kirche erinnert an den Amtmann und Domänenpächter von Pötnitz und Kleutsch Christian Gebhard Nordmann († 1823), der mustergültig wirtschaftete, u. a. spanische Merinoschafe züchtete (Schafstall mit Bohlendach am Bauernweg). Den »Turm der acht Winde« am Seeufer ließ Fürst Franz von seinem Hofbaumeister Carlo Ignazio Pozzi nach dem gleichnamigen antiken Vorbild in Athen errichten.

Aus Mildensee auf den Mulderadweg zurück, zu beiden Seiten Lachen und Flutrinnen, wird die Jonitzer Mulde überbrückt

Eichenbestand an der Alleebrücke über die Jonitzer Mulde bei Dessau

Die pfeilerlose Tiergartenbrücke von 2000, im Blick der Johannbau vom Residenzschloss, dahinter Marienkirche und Rathausturm von Dessau

(Alleebrücke, ein Balken-Neubau nach der Augustflut 2002). Sie trennt Hinteren und Vorderen Tiergarten, den ehemals fürstlichen Wildpark; jenseits der Strommulde liegt das Paul-Greifzu-Stadion. Die im Jahre 2000 errichtete pfeilerlose Tiergartenbrücke über die Mulde, flussab das Wehr, bietet Fußgängern und Radfahrern die Verbindung ins Stadtzentrum, das im März 1945 durch Bombenangriff zu 85 Prozent zerstört worden ist – ins Blickfeld geraten der Johannbau als erhaltener Westflügel des ehemals dreiflügligen Residenzschlosses der Fürsten und Herzöge von Anhalt-Dessau, die Schloss- und Stadtkirche St. Marien und der Rathausturm. Im sanierten Johannbau präsentiert seit 2005 das Museum für Stadtgeschichte Dessau seine Bestände und Ausstellungen.

Der Mulderadweg hält sich entlang der Jonitzer Mulde und führt unter einer vielbogigen Brücke der Oranienbaumer Chaussee hinweg, zur Linken die Wasserstadt und den Diebold, ein Altgewässer in der Muldenaue, nach Jonitz, aus dem zusammen mit der flämischen Gründung Naundorf 1935 die Gemeinde Waldersee gebildet worden ist. Der Ortsname ist verbunden mit der im frühen 14. Jahrhundert durch Muldehochwasser verwüsteten Wasserburg Waldeser, im Winkel der Pelze mit der Mulde gelegen. Am Ortszugang von Waldersee, wo Jonitzer Mulde und Rehsumpf/Ju-

Waldersee-Jonitz, Mühle am Jonitzer Muldewehr und Jonitzer Kirche mit vorgesetztem Turm als fürstliche Grabstätte unter dem aufragenden Obelisken

dengraben zusammentreffen, steht die von Fürst Leopold 1729 angelegte Jonitzer Mühle, die sich zu einer industriellen Mahlmühle auswuchs, mit Anschlussgleis an die Dessau-Wörlitzer Eisenbahn.

Die barocke Jonitzer Kirche ließ Fürst Franz 1816/17 klassizistisch erneuern, wohl durch Hofbaumeister Pozzi, und den vorgesetzten Turm als Mausoleum einrichten (Grabstätte des Fürsten und seiner 1811 verstorbenen Gemahlin Luise). Der befremdlich wirkende Obelisk auf dem Turm »sollte vom Luisium aus als ein Memento Mori zu sehen sein«.[71] Die Kirche wie der oft hochwassergefährdete Ort samt der Junkers-Siedlung mit über 500 Häusern für Beschäftigte der Junkers-Flugzeug- und Motorenwerke in Dessau sind 2002 durch gleichzeitige Elbe- und Muldehochwasser vollständig überflutet worden (Gedenkstein und Holzkreuz).

Schloss und Park Luisium liegen nördlich von Waldersee und werden von der Jonitzer Mühle über Jonitzer Allee und Luisiumsallee erreicht, die älteste Allee im Dessauer Gartenreich, 1862 als Lindenpflanzung angelegt (Naturdenkmal). Fürst Franz hat das von seinem kongenialen Baumeister Friedrich Wilhelm von Erdmannsdorff entworfene klassizistische Landhaus seiner Gattin Luise Henriette Wilhelmine (Prinzessin von Brandenburg-Schwedt) geschenkt. Ihr Name hat sich dem Ganzen aufgeprägt, was den von Johann Friedrich Eyserbeck weitläufig gestalteten, vom Schloss und Park in die Auen auslaufenden Landschaftsgarten mit Sichtachsen in die einzelnen Landschaftsräume einschließt. Es ist eine wegen ihrer »Eichenherrlichkeit« gerühmte Aue, in die Schloss und Park eingebunden wurden. Die mit Solitäreichen bestandenen Wiesen und »verlichteten« Wälder im Elbe-Mulde-Winkel waren es, »deren Gestaltungspotenz dem Fürsten und Erdmannsdorff auf ihren Englandreisen bewusst« geworden ist. »Das gesamte Luisium ist von einem Deich umgeben, auf dessen Krone vielfach noch die charakteristischen alten Walleichen stocken.«[72] Und der Park öffnet sich nach Osten durch ein Ruinentor, das Römische Triumphtor, hin zum Sieglitzer Berg/Landschaftspark an der Elbe – zur »Wallfahrt nach Wörlitz«, ins »Allerheiligste des Gartenreiches«.

Das Luisium-Schloss mit Belvedere, klassizistisches Landhaus

Römisches Ruinen-/Triumphtor mit dem Verschleierten Bild zu Sais im Hintergrund, östlicher Parkausgang in Richtung Wörlitz

◈ Leopold Friedrich Franz sind in der Regentschaft von Anhalt-Dessau drei Fürsten reformierten Bekenntnisses vorausgegangen, die alle in brandenburgischen Diensten gestanden haben und dort zu Generalfeldmarschällen aufgestiegen sind, der bekannteste unter ihnen sein Großvater Leopold I., der »Alte Dessauer«, ranghöchster Militär Preußens bis zu seinem Tode 1747. Franz aber hat ein Jahrzehnt später, im Siebenjährigen Krieg, mit dieser Tradition seines Hauses gebrochen, den preußischen Militärdienst unter Friedrich dem Großen quittiert und ab 1758 als regierender Fürst Leopold III. Friedrich Franz eine für den feudalen Kleinstaat segensreiche Regentschaft als Gegenentwurf zu Preußen angetreten. Als aufklärerischer Geist und tief gebildet auch durch mehrere Studienreisen, wiederholt ins fortgeschrittene England, hat er aus Kunst, Kultur, Bildung, Wirtschaft namhafte Köpfe und Reformer an sich gezogen und den Dessau-Wörlitzer Kulturkreis geschaffen, zuvörderst das gepriesene Gartenreich bürgerlichen Stils mit dem »Herzensfreund« und frühklassizistischen Baumeister Friedrich Wilhelm von Erdmannsdorff und den Gärtnerfamilien Schoch und Eyserbeck. Außerdem waren es aufklärerische Bildung mit Toleranz, Armenversorgung und Schulreform des Philanthropins von Johann Bernhard Basedow sowie die Mustergüter in der Domänenwirtschaft des überwiegend fürstlichen Landbesitzes unter dem Kammerdirektorat von Georg Heinrich von Berenhorst bzw. Georg Karl von Raumer, die Besucherströme anzogen und ins Schwärmen versetzten. Von der »Zierde und dem Inbegriff des [aufgeklärten] XVIII. Jahrhunderts« hat Christoph Martin Wieland gesprochen und Goethe »vom »wohladministrierten und zugleich äußerlich geschmückten Lande«. Zeitgenossen »glaubten in der Wörlitzer Feldflur ›bearbeitetes Gartenland‹ vor sich zu haben ..., selbst die Wälder seien in Anhalt-Dessau die gepflegtesten Parke«, zitiert Erhard Hirsch, dem die Wiederentdeckung des im weiteren 19. Jahrhundert in den Schatten Weimars und der Preußenlegende geratenen Dessau-Wörlitzer Kulturkreises seit den 1960er Jahren wesentlich zu danken ist.[73] – Im einstigen »Vogelherd« bei Jonitz hatte Fürst Franz als Erbprinz im Vorgängerschlösschen des Luisiums seit 1754 seinen sommerlichen Wohn- und Studiersitz, der ihm zeitlebens »intimster« Besitz geblieben ist; nach Luises Tod ist er hierhin zurückgekehrt und nach Reitunfall da auch 1817 verstorben.

Vom Luisium zurück zur Jonitzer Mühle, führt der Mulderadweg an der Wörlitzer Brücke der 1894 eröffneten Bahnstrecke Dessau–

Solitäreichen in der Auenlandschaft des Luisiums

Wörlitz vorbei bis zur überdachten Jagdbrücke, wo er auf den Elberadweg zwischen Dessau und Wörlitz trifft und dort offiziell endet. Ebenso kann der Luisium-Park in nördlicher Richtung durch den Tiergarten (Saugartenallee) oder über die Waldeserallee in die Auenlandschaft verlassen werden, um da ebenso auf den Elberadweg zu stoßen und ihm westwärts bis zur Jagdbrücke zu folgen. Bis zur Muldemündung in die Elbe zu gelangen, sieht der Mulderadweg nicht vor, da ohnehin nur näherungsweise möglich.

Die Jagdbrücke beim Landhaus, eine überdachte Holzbrücke über die Mulde. Hier, wo der Mulderadweg auf den Elbradweg trifft, endet er offiziell.

# Zur Mündung in die Elbe

Wer den Mulderadweg nicht beschließen will, ohne auch der Muldemündung ansichtig geworden zu sein, muss auf der überdachten Jagdbrücke über die Mulde. Dort finden sich im linksmuldischen Dessauer Stadtraum zwischen Schiller-Park und Braunscher Lache »Alleepflanzungen mit Eichen und Eschen, von denen die Hauptachse von den Stillingen zum Landhaus eine sechsreihige Eichenallee bildet, die treffend als Eichendom bezeichnet wird«.[74]

Der Elbe-Mulde-Winkel ist Überflutungsraum für die Mulde und Naturschutzgebiet. Zur Muldemündung muss vom »Landhaus« zunächst in Richtung Kornhaus bis zur B 184 gefahren werden, um dann deren straßenbegleitendem Radweg via Roßlau zu folgen. Parallel verläuft jenseits der B 184 die Dessau und Roßlau verbindende Eisenbahnlinie über eine Hand voll Brückenwerke hin. Der »Peisker« und ein weiteres Altwasser der Elbe werden noch überbrückt, dann strömt die Mulde von Nordost unter die Straßenbrücke der B 184, die zusammen mit den Aufbauten der Bahnstrecke jeden Blick auf die Mündung versperrt. Daher muss der B 184 weiter gefolgt werden, über die Elbe nach Roßlau hinein und über die Bahnstrecke weg. Danach ist in die Sachsenbergstraße einzubiegen und die Clara-Zetkin-Straße bis zur Höhe Triftweg zu befahren, um dort nach Süden der Straße »Industriehafen« zu folgen.

Letzter Blick vor der Muldemündung auf den Fluss von der Brücke der B 184 vor Roßlau

Von ihr zweigt links ein unscheinbarer Feldweg in das »Unterluch« ab, in ein nahezu vollständig vom großen Elbebogen umfasstes stilles Auengebiet, von alters her wohl Schaftrift. Eine schöne Wiesenwegtour bringt Radfahrer wie Wanderer, immer in Sichtweite zum baumbestandenen Elblauf, zu einem mächtigen Eichenplatz am Ufer, von dem aus über einen vorgelagerten Elbeheger hin die einmündende Mulde in den Blick gerät, gut erkennbar an ihrem Zufluss unter einer der erwähnten Eisenbahnbrücken.

Der Rückweg ins Gartenreich muss nach Roßlau wieder bis zur Elbebrücke genommen werden. Erst danach bietet sich dort vor dem Muldedurchfluss eine letzte Neulanderkundung an, auf einem von der B 184 östlich abzweigenden asphaltierten Aueweg. Schnurgerade verläuft die Trasse durch die »Großen Mückenberge« zwischen Elbe und Mulde auf den Elberadweg zu, ist aber beim ersten Abzweig (Saugartenallee) zum Luisium hin zu verlassen. Auf der Großmutterbrücke wird der Kapengraben überschritten, jenes Fließsystem, das den Löbben und Leiner See mit der Pelze verbindet, die »ein altes Flussbett der Elbe nachzeichnet«.[75] Sie sind Schongebiet für den Elbebiber, der Dessaus Symboltier geworden ist. Südlich des Pelze-Einlaufs in die Mulde sollen noch Wallzüge der Burg Waldeser (urk. 1215, einst Fährburg an der Elbe) auszumachen sein, ihre Steine seien 1341 zum Bau des Dessauer Stadtschlosses verwendet worden.

**Ansicht der Muldemündung vom gegenüberliegenden Elbufer aus, ein langer Heger teilt den Strom**

**Kapengraben an der Großmutterbrücke**

# Alles fliesst

Aus den späten 1980er Jahren stammt das Buch »Muldenland«, das Peter Albert Bräuer mit den Worten eröffnet: die Mulde »ist der bedeutendste Fluß des nordwest-sächsischen Gebietes. Weniger bekannt und gerühmt als die große Elbe, auch nicht so oft besungen und beschrieben wie die Saale, fließt sie geographisch gesehen zwischen beiden als linker Nebenfluß der Elbe von Süden nach Norden«.[76] Gerhard Weber hat darin die beiden Mulden von ihren Quellbereichen bis zum Zusammenfluss und die Vereinigte Mulde bis zur Mündung in die Elbe fotografiert. Gleichzeitig sind damals in der im Wurzen-Grimmaer Mulderaum verbreiteten Heimatzeitschrift »Der Rundblick« gewässerkundliche Betrachtungen über das gesamte Muldegebiet erschienen, die das heutige Fließsystem der Mulden wie auch ihre pleistozänen Flussläufe betreffen.[77] Am bislang umfassendsten wurde die Flusslandschaft Mulde in dem 2003 von Grimma angestoßenen Projekt »Naturpark Muldenland« in den Blick genommen, nicht zuletzt durch die vorausgegangene Jahrhundertflut. Daraus folgte 2011 eine erste breitere Facherörterung über »Die Flusslandschaft Mulde. Geschichte und Wahrnehmung«, die geistes- und naturwissenschaftliche Forschung zusammenführte, um mit ganzheitlichem Blick eine wirkungsvolle Verbindung von Naturschutz und Landschaftspflege, Wirtschaft und Landwirtschaft, Kultur und Tourismus im Raum der drei Mulden anzustreben.[78]

»Niemals ist Natur das Gleiche wie Landschaft«, heißt es in dem Bändchen »Schöne Aussichten. Kleine Geschichte der Landschaft«. »Denn Natur besteht und vergeht, ob wir das wahrnehmen oder nicht. Zu Landschaft gehört immer auch eine Reflexion ... Jede konkrete Landschaft lässt sich nur dann bewahren, wenn alle, die an ihr interessiert sind, sich darüber einig werden, wie dies zu geschehen hat.« Obenan stehe dabei der »Respekt vor der Landschaft, die eben nicht nur Natur ist, sondern ein in Jahrtausenden gewachsenes und weiter wachsendes Geschichtsbuch, das man lesen kann und an dem man weiter schreiben wird – als Landwirt, als Planer oder als einer, der Landschaft ›nur‹ beobachtet und liebt.«[79] Natur schließe »das Prinzip des Wandels« ein, was gerade in der Fließdynamik noch ursprünglicher Flussläufe wie der mittleren und unteren Mulde augenscheinlich wird.

Das weit gefächerte Einzugsgebiet der Mulden aus dem Erzgebirge und Vogtland umgreift mit 5350 Quadratkilometern fast ein Drittel von Sachsens Gesamtfläche. Vom Erzgebirgskamm fließt die Freiberger Mulde aus dem grenznahen tschechischen Moldava zu und erreicht nach 125 Kilometern den Vereinigungspunkt mit der Zwickauer Mulde bei Sermuth. Hydrologisch entscheidend ist der Zufluss der Zschopau (130 km), die bei Schweta/Döbeln einströmt und die Wasserführung der Freiberger Mulde verdreifacht. Maßgeblich ist die Zschopau für das Flusssystem der Mulde vor allem durch ihre Quellhöhe von 1070 Metern am Nordhang des Fichtelberges, wodurch sich für die Vereinigte Mulde ein Gefälle von über 1000 Metern bis zur Mündung ergibt. Für die Zschopau wiederum ist die aus dem tschechischen Osterzgebirge kommende Flöha wichtigster Zufluss, der in der gleichnamigen Stadt nach 67 Kilometern einmündet – und als Hauptquellast des Mulde-Flusssystems gilt. Mit knapp 3000 Quadratkilometern umgreift die kürzere Freiberger Mulde im Vergleich mit der Zwickauer Mulde (2350 Quadratkilometer) das größere Wassereinzugsgebiet.

»Die Zwickauer Mulde entspringt im Vogtland östlich Schöneck auf einer Höhe von 760 m NN. Es gibt zwei Quellflüsse: die Rote Mulde, die am östlichen Stadtrand von Schöneck ihre Quelle hat, und die Weiße Mulde, die aus dem Oberen Muldenteich bei Kottenheide kommt. Beide Quellflüsse münden bereits nach drei Kilometern in die Talsperre Muldenberg. Aus dieser geht die Zwickauer Mulde hervor. Weiter unterhalb wechseln im Lauf der Zwickauer Mulde enge und weite Talabschnitte, die bis zu 200 m Tiefe in das Westerzgebirge eingesenkt sind. Danach durchfließt sie ein breites Ausräumungstal zwischen Zwickau und Glauchau. Im Sächsischen Granulitgebirge werden die Talhänge wieder steiler und treten dichter an den Fluß heran.«[80] Nach 167 Kilometern erreicht die Zwickauer Mulde Sermuth und vereinigt sich mit der Freiberger Mulde. Zuvor hat sie bei Wechselburg die Chemnitz aufgenommen, die in Altchemnitz aus dem Zusammenfluss von Würschnitz und Zwönitz entsteht (insgesamt 76 Kilometer Flusslauf).

»Die Vereinigte Mulde beginnt bei Sermuth, etwa 13 km oberhalb von Grimma. Nach einer kurzen Laufstrecke durch Hügelland und einen Engtalabschnitt bei Grimma tritt sie bei Wurzen in das Flachland ein und verbreitert im zunehmenden Maße ihre Talsohle bis auf sechs Kilometer. Nach einem windungsreichen Lauf an der Ostgrenze der Leipziger Tieflandsbucht und dem westlichen Rand der Dahlener-Dübener Heide erreicht sie nach 124 km Lauflänge bei Dessau die Elbe. Zahlreiche wassergefüllte oder vermoorte Altarme begleiten den stark mäandrierenden Flußlauf. Ausgedehnte Terrassenflächen ziehen sich beiderseits der Talaue entlang. Zwischen Bad Düben und Wolfen mußte der Fluß dem Braunkohlenabbau weichen. Aus einem Tagebaurestloch bei Pouch entstand das Speicherbecken Muldenstein. Da keine bedeutenden Nebenflüsse (außer der Lossa) in die Vereinigte Mulde münden, verändert sich die Wasserführung in diesem Abschnitt nur noch gering.«[81]

Das Gefälle der Vereinigten Mulde beläuft sich von Sermuth bis zur Mündung auf nur 75 Meter. Ganz anders das ihrer beiden Quellflüsse, die vom Erzgebirgskamm kommend bis zur Muldenvereinigung 700 bzw. 1000 Meter Höhenunterschied aufweisen, was die Mulde zu einem der schnellsten Flüsse Mitteleuropas macht!

Vom Rochlitzer Berg bis zur Muldenvereinigung sind es etwa 20 Kilometer Mulderadweg, ebensoviele im »Vorlauf« des Buches von Amerika / Rochsburg bis Wechselburg, sodass sich für die hier geschilderte Wegstrecke rund 165 Kilometer bis zur Mündung ergeben. Der Mulderadweg ist einer der schönen deutschen Flussradwege, denen an Rhein, Main, Donau, Mosel, Weser, Lahn, Neckar, Altmühl, Elbe, Saale, Unstrut, Havel, Spree und Oder vergleichbar.

## Nachsatz

Der Verfasser ist am großen »Knie« der Unstrut aufgewachsen, einem westlichen Nebenfluss der Saale, mit 190 Kilometern Länge und einem nahezu das ganze Thüringer Becken umfassenden Einzugsgebiet durchaus der Mulde ähnlich, ihr auch als »Un-Strut« verschwistert mit den Frühjahrshochwassern der 1950/60er Jahre. Gottlob blieb der Mulde erspart, was dem mäandrierenden Unstrutlauf nach der Thüringer Pforte durch Melioration und Begradigung in der Goldenen Aue widerfuhr. Der Alterstraum von wieder badefreundlichen Flüssen wurzelt in Erinnerungen an die einst heimatliche Unstrut: für jedermann ein stilles, heimliches oder auch geselliges Fleckchen im Ufergras / Buschwerk der Böschung, kräftiges Schwimmen stromauf und dann sich zurücktreiben lassen – wieviel Lebensqualität dieser Art ist da im Verlauf von zwei oder drei Generationen verlorengegangen, eingeschnürt auf abgemessene Frei-, Hallen-, Spaßbäder. Am Muldeufer wird es einem schmerzlich bewusst, doch mit Wiedergesundung unserer Wasserläufe auch neu vorstellbar ...

# Anmerkungen/Literatur

1 August Schumann, Vollständiges Staats-, Post- und Zeitungs-Lexikon von Sachsen: enthaltend eine richtige und ausführliche geographische, topographische und historische Darstellung aller Städte, Flecken, Dörfer, Schlösser, Höfe, Gebirge, Wälder, Seen, Flüsse etc. gesammter Königl. und Fürstl. Sächsischer Lande ..., Zwickau 1822

2 Wolf-Dieter Röber, Schönburgische Burgen und Schlösser im Tal der Zwickauer Mulde, Beucha 1999, S. 15

3 Hermann Grimm, Das malerische und romantische Mulden-Hochland oder Wanderungen durch die Thäler beider Mulden und ihrer Nebengewässer, Dresden 1847, S. 1 f., 11

4 Manfred Berger, Die Muldenthal-Eisenbahn, Berlin [2]1994

5 Ebenda, S. 70 f.

6 Andreas Martin (Hg.): Die Flusslandschaft Mulde. Geschichte und Wahrnehmung, Dresden 2013, S. 14 f.; Andreas Martin, Anke Fröhlich, Die Flusslandschaft an den Mulden. Frühe Wahrnehmungen in bildender Kunst und Reiseliteratur (Spurensuche. Geschichte und Kultur Sachsens 5), Dresden 2012

7 Zitiert nach Udo Baumbach, Der Rochlitzer Berg und die Anfänge des Fremdenverkehrs, in: 1000 Jahre Rochlitz. Festschrift, Beucha 1995, S. 77 ff.

8 Hansjörg Küster, Schöne Aussichten. Kleine Geschichte der Landschaft, München 2009, S. 8

9 Baumbach (wie Anm. 7), S. 74

10 Ders., Burg und Stadt Rochlitz als fürstliche Residenz und Hofhaltung, in: 1 000 Jahre Rochlitz (wie Anm. 7), S. 43; eine STARKE FRAUENgeschichte. 500 Jahre Reformation, hg. von Simona Schellenberger, André Thieme und Dirk Welich i. A. der Staatlichen Schlösser, Burgen und Gärten Sachsen, Beucha / Markkleeberg 2014

11 Udo Baumbach, Schloss Rochlitz und die sowjetische Geheimpolizei. Zur Geschichte des Altkreises Rochlitz unter amerikanischer und sowjetischer Besatzung 1945–47, Beucha / Markkleeberg 2015, S. 15

12 Otto Eduard Schmidt, Kursächsische Streifzüge. Vierter Band: Aus Osterland und Pleißnerland, Abschnitt: Muldenländisches, Leipzig 1912, Neudruck von Muldenländisches, Beucha 1993, S. 7 f.

13 Adolf Böhm, Das Wasser der Mulde im Dienste des Menschen, in: Der Rundblick. Monatsschrift für Kultur und Heimat der Kreise Wurzen-Oschatz-Grimma, Heimatkalender 1963

14 Albert Schiffner, Der Führer im Muldenthale von des Voigtlands Höhen bis zur Vereinigung beider Mulden. In 16 Lieferungen, enthaltend 37 Ansichten, nach der Natur aufgen. von Gustav Täubert, lithogr. von J. Riedel, Dresden 1848, S. 120

15 Albert Peter Bräuer, Muldendörfer in alten Ansichten (Europäische Bibliothek), Zaltbommel 1998, Unterschrift zu Abb. 1

16 Mit dem Faltboot auf der Mulde abwärts bis Wurzen, in: Das war Der Rundblick 1954 bis 1990. Heimat zwischen Collm und Mulde, 2009, S. 58

17 Mit dem selbstgezimmerten Floß die Mulde abwärts, in: ebenda, S. 248

18 Andreas Berkner, Katrin Klama, Das Mulde-Einzugsgebiet – Brennpunkte und Handlungsschwerpunkte, in: Martin (Hg.), Die Flusslandschaft Mulde (wie Anm. 6), S. 255 f.; Thomas Böttger, Die Mulde. Eine Bilderreise entlang des

schnellsten Flusses Europas, Witzschdorf 2009; Lutz Heydick, Mitteldeutsche Flüsse. Lebensadern der Landschaft, Beucha / Markkleeberg 2021

19 Schmidt, wie Anm. 12, S. 8f.

20 Wilhelm Ostwald. Wissenschaftler und Landschaftsmale. Bilder aus Grimma, Sachsen und der Welt, hg. von Ralf Gottschlich, Beucha / Markkleeberg 2023

21 Karl Josef Friedrich, Das Pfarrhaus zu Howe oder der feurige Dornbusch, o. O., 1933

22 Schmidt, wie Anm. 12, S. 12f.

23 Adolf Böhm, Rudolf Priemer, Im Frühjahr 1864 kam das letzte Floß nach Grimma, in: Der Rundblick (wie Anm. 13), 1/1990, S. 22f.

24 Zitiert nach Adolf Böhm, Die Hochwasser in der Vereinigten Mulde, in: Sächsische Heimatblätter 2/2001, S. 93

25 Zitiert nach Rudolf Priemer, Grimma und Muldental, Beucha ²2000, S. 5; Grimma. Stadtansichten, Beucha / Markkleeberg 2014

26 Anke Fröhlich, Die künstlerische Darstellung der Mulden-Flusslandschaften, in: Martin (wie Anm. 6), S. 148ff.

27 Grimma. Flutbilder – Bilderflut. Eine Dokumentation, Leipzig-Beucha 2002, S. 26ff.

28 Rudolf Priemer, Der Muldentalbahn-Radweg, Beucha 2005

29 Ders., Der Galgenberg – Hausberg Grimmas. Ein Wanderführer (= Schriftenreihe Göschenhaus Grimma-Hohnstädt Heft 1), 2013, S. 21ff.

30 Zitiert nach Priemer (wie Anm. 25), S. 87

31 Renate Sturm-Francke (sf) – eine Frau mit 70, in: Der Rundblick (wie Anm. 13), 1976, S. 73

32 Johann Georg Theodor Gräße, Der Sagenschatz des Königreichs Sachsen, Erster Band, Dresden 1874, S. 279

33 Schmidt (wie Anm. 12), S. 24

34 Ebenda, S. 24f.

35 Siegfried Nowak, Historie der einstigen Muldenfähre Nerchau-Wednig, in: Trebsen. Zur 850-jährigen Geschichte der Muldestadt, hg. von der Stadt Trebsen, Beucha / Markkleeberg 2011, S. 166f.

36 Georg Grebenstein, Furten und Fähren an der Mulde, in: Der Rundblick. Kulturspiegel der Kreise Wurzen-Oschatz-Grimma, 2/1982, S. 144

37 Gustav Adolf Poenicke (Hg.), Album der Rittergüter und Schlösser im Königreiche Sachsen. Bd. I: Leipziger Kreis, Leipzig 1854, zitiert nach Lutz Heydick, »Rittergüter & Schlösser im Leipziger Land, Beucha ²2007, S. 112

38 Heiko Jadatz, Walter Schormann, Stadtkirche Trebsen (Stätten sächsischer Kunst und Geschichte), Beucha 2005; Trebsen. Zur 850-jährigen Geschichte der Muldestadt, hg. von der Stadt Trebsen, Beucha / Markkleeberg 2011

39 Schmidt (wie Anm. 12), S. 30

40 Ebenda, S. 32; Italien – aus verspäteter Sicht. Der Maler Hans-Peter Hund. Studienaufenthalte 1992–2013, hg. von Sabine Jung vom Kulturhistorischen Museum, Beucha / Markkleeberg 2015; Cordia Schlegelmilch, Eine Stadt erzählt die Wende. 1989 Wurzen / Sachsen 1990, Beucha / Markkleeberg 2017

41 Wolfgang Ebert, Wurzen und die Muldenaue. Ein Führer durch die Stadt, ihre Landschaft und Geschichte, Beucha / Markkleeberg 2010, S. 142

42 Ebenda, S. 7

43 Grebenstein (wie Anm. 36), S. 144

44 Ebenda, S. 145

45 Lutz Heydick, Der Landkreis Leipzig. Historischer Führer, Beucha / Markkleeberg 2014, S. 247

46 Poenicke (wie Anm. 37), zitiert nach Heydick, Rittergüter, S. 67
47 Schmidt (wie Anm. 12), S. 62 f.
48 Poenicke (wie Anm. 37), zitiert nach Heydick, Rittergüter, S. 85; Alberto Schwarz, Schloss und Herrschaft Püchau im Wurzener Land, Sax-Album, Beucha 2007
49 Ebenda, S. 106
50 Küster (wie Anm. 8), S. 34
51 Schmidt (wie Anm. 12), S. 74 f.
52 Siegmar Keil, »Nun danket alle Gott«, in: Martin Rinckart. Leben und Werk, Neuausgabe der 1903 vom Archidiakon der Bergkirche St. Marien, Eilenburger Superintendenten, Stadtchronisten und Museumsgründer Wilhelm Büchting vorgelegten Biografie, Spröda 1996, S. 131; Lutz Heydick, Das Leipziger Land. Naturraum und Geschichte, Beucha / Markkleeberg 2023
53 Küster (wie Anm. 8), S. 40
54 Faltblatt »Das Naturschutzgebiet Vereinigte Mulde Eilenburg – Bad Düben« des NABU, Landesverband Sachsen e.V., Leipzig 2004
55 Maßnahmekonzept für einen Beispielraum und Handlungsstrategien zur Umsetzung des Biotopverbundes im Freistaat Sachsen. Pilotprojekt Biotopverbund Mittlere Mulde. Abschlussbericht Okotober 2011 (https://www.umwelt.sachsen.de/umwelt/.../1_BV_Mittlere_Mulde_Abschlussbericht.pdf, S. 6 f.)
56 Ebenda, S. 8
57 Siglind König, Die Bilderdecke der Löbnitzer Kirche. Nachreformatorische biblische Bilder, Leipzig 2012
58 Lutz Heydick, Landkreis Nordsachsen. Historischer Führer, Beucha / Markkleeberg 2016, S. 124 und 126
59 Lothar Eißmann, Frank W. Junge, Das Mitteldeutsche Seenland. Vom Wandel einer Landschaft. Der Norden, Beucha / Markkleeberg 2015, S. 92
60 Auf der Straße der Braunkohle. Eine Entdeckungsreise durch Mitteldeutschland, hg. vom Dachverband Mitteldeutsche Straße der Braunkohle e. V. in Zusammenarbeit mit dem Pro Leipzig e. V., Leipzig [3]2016
61 Harald Kegler, Die Wiederbelebung einer alten Landschaftsidee: das Industrielle Gartenreich Dessau-Wittenberg-Bitterfeld, http://industrielles-gartenreich.com/deutsch/artikel03/landschaftsidee.htm
62 Eißmann, Junge (wie Anm. 59), S. 92
63 Bitterfeld und das untere Muldetal (= Landschaften in Deutschland – Werte der deutschen Heimat, Bd. 66), Köln-Weimar-Wien 2004, S. 231
64 Ebenda, S. 9
65 Ebenda, S. 106
66 Ulla Jablonowski, Das Rote oder Blutbuch der Dessauer Kanzlei 1542–1584. Im Kontext der Verwaltungs- und Rechtsgeschichte Anhalts im 16. Jahrhundert, Beucha 2002, S. 90, 126, 146
67 https://de.wikipedia.org./wiki/Philipp_von_Zesen
68 Bitterfeld und das untere Muldetal (wie Anm. 63), S. 85
69 Dessau-Wörlitzer Kulturlandschaft. Ergebnisse heimatkundlicher Bestandsaufnahme im Gebiet der mittleren Elbe und unteren Mulde um Dessau, Roßlau, Coswig und Wörlitz (= Werte der deutschen Heimat Bd. 52), Leipzig 1992, S. 135
70 Ebenda, S. 127
71 Ebenda, S. 96
72 Ebenda, S. 45, 100
73 Erhard Hirsch, Dessau-Wörlitz. Aufklärung und Klassik, Leipzig 1985, S. 85 f.

74 Dessau–Wörlitzer Kulturlandschaft (wie Anm. 69), S. 90
75 Ebenda, S. 90
76 Muldenland, Fotos Gerhard Weber, Text A. Peter Bräuer, Leipzig ²1988, S. 5
77 Adolf Böhm, Viel Wasser fließt zur Mulde. Eine gewässerkundliche Betrachtung über das Muldengebiet, in: Der Rundblick (wie Anm. 13), 1/1988; Ders., Frank Kirsten, Die Mulde floß auch mal durchs Oschatzer Land. Zur Geologie des Muldengebietes, in: Der Rundblick (wie Anm. 13), 1/1989
78 Martin (wie Anm. 6)
79 Küster (wie Anm. 8), S. 115
80 Böhm, Viel Wasser fließt ... (wie Anm. 77), S. 32f.
81 Ebenda

## Bildnachweis

Wolfgang Ebert, Wurzen: S. 78, 81, 82u., 83, 87o., 88
Peter Franke, Leipzig: Umschlag Titelbild, S. 9
GeoBasis-DE / BKG 2016: Kartenmaterial in den Umschlaginnenseiten
Museum Grimma: S. 4
Hartmut und Siglind König (Naumburg): S. 111o.
Birgit und Jürgen Röhling (Markkleeberg): S. 45re., 46–48, 49u., 52, 53, 55, 57, 59–64, 74, 75li., 80, 82o., 84, 85, 87u., 89, 93o., 102, 113u., 117o., 138
Armin Rudolph (Leipzig): S. 103
Sax-Verlag: S. 13o., 14, 63u., 77, 79, 94u., 104 (SLUB / Deutsche Fotothek)
Alle sonstigen Aufnahmen von Erika und Lutz Heydick (Beucha)

Aus der Literatur:
Manfred Berger, Die Muldenthal-Eisenbahn, Berlin ²1994: S. 10, 11, 65u.
Lothar Eißmann, Frank W. Junge, Das Mitteldeutsche Seenland. Der Norden, Beucha / Markkleeberg 2015: S. 114, 116o. (LMBV, Aufnahme P. Radke)
Grimma. Flutbilder – Bilderflut. Eine Fotodokumentation, Leipzig / Beucha 2002: S. 58 (Aufn. Martin Jehnichen)
Heiko Jadatz, Walter Schormann, Stadtkirche Trebsen, Beucha 2005: S. 70 (Aufn. Frank Schmidt)
Volker Jäger, Über die Mulde. Zur Geschichte der Fähren und Brücken bei Wurzen, Beucha 2006: S. 67u., 76 (Aufn. Manfred Lüttich)
Schloss Rochlitz. Restaurierung und Denkmalpflege, Arbeitsheft 19 Landesamt für Denkmalpflege Sachsen, Dresden: S. 26 (Aufn. Wolfgang Junius)
Alberto Schwarz, Schloss & Herrschaft Püchau: S. 90, 91
Trebsen. Zur 850-jährigen Geschichte der Muldestadt, Beucha / Markkleeberg 2011: S. 67, 68